Ursula Ott

Gestalten mit Ton – Töpfern ohne Scheibe

Alte Kunst – neues Hobby

Franckh'sche Verlagshandlung
Stuttgart

Mit 33 Zeichnungen von Edeltraut Weber, gestaltet nach Vorlagen der Autorin
(Abb. 10 nach Lindner, „Freude am Werken", Mosaik Verlag, München),
und 40 Farbfotos von Armin Rudert

Umschlag von Edgar Dambacher unter Verwendung eines Dias von Armin Rudert

CIP-Kurztitelaufnahme der Deutschen Bibliothek

Ott, Ursula:
Gestalten mit Ton, Töpfern ohne Scheibe: alte
Kunst, neues Hobby. – 1. Aufl. – Stuttgart:
Franckh, 1978
  (Sinnvolle Freizeit)
  ISBN 3-440-04660-5

Franckh'sche Verlagshandlung, W. Keller & Co., Stuttgart / 1978
Alle Rechte, insbesondere das Recht der Vervielfältigung, Verbreitung und Übersetzung, vorbehalten. Kein Teil des Werkes darf in irgendeiner Form (durch Fotokopie, Mikrofilm oder ein anderes Verfahren) ohne schriftliche Genehmigung des Verlages reproduziert oder unter Verwendung elektronischer Systeme verarbeitet, vervielfältigt oder verbreitet werden.
© 1978, Franckh'sche Verlagshandlung, W. Keller & Co., Stuttgart
Printed in Italy / Imprimé en Italie / L 9dm H be / ISBN 3-440-04660-5
Satz: Fotosatz Schönthaler, Ludwigsburg
Herstellung: Editoria S.N.C. di G.A. Benvenuto & C., Trento (Italien)

Meinen Eltern

Dieses Buch ist aus der Erfahrung des Werkunterrichts mit Schülern der Gottlieb-Daimler-Realschule Schorndorf, und der Kursarbeit mit Erwachsenen im Rahmen der Volkshochschule Schorndorf entstanden.
Mein Dank gilt all denen, die mir ihre Arbeiten zur Verfügung stellten, damit ich, gemeinsam mit eigenen Arbeiten, geeignetes Bildmaterial zusammentragen konnte.

Gestalten mit Ton – Töpfern ohne Scheibe

Vorwort 6

Vorbereitung 7

Werkzeuge, Geräte und andere Hilfsmittel 11

Figuren 18

Gefäße 58

Fehlerquellen beim Töpfern 90

Nachwort 92

Quellennachweis 92

Bezugsquellen der Materialien 93

Literatur 94

Sachregister 94

Vorwort

Keramiken kann man sammeln wie Briefmarken, Muscheln oder Mineralien. Ich mache es einfach so: Auf Ferienreisen, wo immer ich auch bin, halte ich Ausschau nach Töpfereien oder Keramikläden und kaufe, was mir gefällt, möglichst etwas für die Gegend Typisches.
Keramiken kann man aber auch selbst herstellen. Man sitzt dazu ganz gemütlich am Arbeitstisch, irgendwo in der Wohnung, hat Werkzeug und Material in greifbarer Nähe und modelliert und töpfert. – „Aber so etwas habe ich doch noch nie gemacht, kann ich denn so einfach selbst modellieren und töpfern?" werden Sie jetzt vielleicht etwas ratlos fragen. – Weshalb sollten gerade Sie es nicht können? Wenn Sie etwas Energie, Ausdauer und Geschicklichkeit mitbringen, bin ich sicher, daß Sie Modellieren und Töpfern lernen werden und es Ihnen Freude machen wird, Vasen, Tassen, Leuchter, Schüsseln oder auch Krippefiguren zu Weihnachten selbst zu formen. Grundkenntnisse über Material und Technik kann man in einer relativ kurzen Übungszeit erwerben. Das weiche und bildsame Material verführt uns doch dazu, daraus etwas mit den eigenen Händen zu gestalten.
Beginnen werden wir mit dem Formen von *Figuren*. – Sie sind einerseits nicht an einen bestimmten Verwendungszweck (wie Tassen, Schüsseln oder Vasen) gebunden, und nur das weiche Material setzt unserem Gestaltungswillen gewisse Grenzen: So ist es zum Beispiel nicht ratsam, einen kleinen Vogel auf dünne, der Wirklichkeit entsprechende Beinchen zu setzen. Er braucht als Tonfigur vielmehr *ein* dickeres Bein, um richtig stehen zu können. – Zum andern werden die beim Formen von Figuren eingeübten Grundtechniken das Töpfern ohne Scheibe erleichtern. Nicht zuletzt aber bekommen Sie auf diese Weise ein Gefühl für das Material und seine Bearbeitungsmöglichkeiten.
Als guter „Handwerker" werden Sie dann nicht einfach vorgegebene Formen nachahmen müssen, sondern können eigene Ideen verwirklichen. Die Beispiele, die in diesem Buch beschrieben sind, sollen deshalb Anregungen für eigene Versuche sein.
Keramiken werden, um sie haltbarer zu machen, gebrannt. Jedoch nicht jeder hat allzeit Zugang zu einem Brennofen und kann jeden Versuch einzeln brennen lassen. – Versuchen Sie es in diesem Fall trotzdem einmal mit dem Modellieren von kleineren Tonfiguren; man kann sie dann, wenn sie ganz trocken sind, vorsichtig mit Plakatfarben, die in jedem Farbengeschäft zu haben sind, bemalen und dann zweimal mit einem durchsichtigen Glanzlack überziehen. Die Figuren sind dann allerdings nur bedingt haltbar.
Keramiken, und vor allem selbstgeformte Keramiken, brauchen einen besonderen Platz in der Wohnung. Sie müssen ins „rechte Licht" gerückt werden, wie es z. B. auf dem Titelbild zu sehen ist.

Vorbereitung

Das Material: Ton
Da Sie nun ein guter Handwerker werden wollen, der sein Material kennt und damit umgehen kann, ist es wichtig, auch etwas über die Entstehung der Tone, ihre Zubereitung, ihre Eigenschaften und ihre Beschaffenheit zu erfahren. – Ergänzend finden Sie auf der Seite 93 einige Angaben über Lieferanten von keramischem Bedarf.

Wie ist Ton entstanden?
Im Urgestein Granit ist Feldspat enthalten. „Feldspat", so im Brockhaus nachzulesen, sind „farblose, weiße oder lichtgefärbte Mineralien von blättrigem Bruch". Diese Mineralien sind im Verlauf der Erdgeschichte zu einer fettigen Masse, dem Ton zerfallen. Die kleinen Tonteilchen wurden vom Wasser fortgeschwemmt und setzten sich in Niederungen, in stehenden und seichten Gewässern als Bodensatz in vielen Schichten nieder. Im Wasser wurden die Tonteilchen mit organischen Stoffen, wie Sand und Metalloxyden, versetzt. Die Oxyde gaben der Tonmasse die Färbung. So enthalten rotbrennende Tone vorwiegend Eisenoxyd, braun- bis schwarzbrennende Tone dagegen Manganoxyd. Die reinsten Materialien sind die weißfarbigen Tone, die Kaoline, die bei der Herstellung von Porzellan verwendet werden.
In vielen Jahrmillionen bildeten sich aus verschiedenen Schwemmschichten große Tonlager, die heute im Tagebau in Form von großen Brocken abgebaut werden. Die Tonstücke werden zerkleinert und in Wasser aufgeweicht. Man nennt das „Sumpfen". Da Verunreinigungen, wie etwa Steinchen, nach unten sinken, muß der Tonschlamm, nachdem das Wasser abgelassen wurde, durch ein Sieb gepreßt werden. Der so gereinigte Schlamm wird dann getrocknet, zu feinem Pulver (Tonmehl) vermahlen und in 50 kg-Säcken an Keramikbetriebe und Schulen verkauft.

Woraus und wie entsteht die Tonmasse zur Weiterverarbeitung?
Sie benötigen:
Tonmehl, das Sie in rot- (unter der Bezeichnung „HR" = Herkules Rot), schwarz- oder weißbrennender Form beziehen können. (Z. B. die angegebenen Firmen für keramischen Bedarf liefern alle gewünschten Tonmaterialien.)
Dazu *Schamottemehl* oder *Quarzsand* zum „*Magern*" des Tonmehls. Schamotte wird aus gebranntem, fein gemahlenem Ton hergestellt, während Quarzsand weiß und feinkörnig geliefert wird (u. a. findet er auch zur Glas- und Porzellanherstellung Verwendung). – Beide Materialien dienen als Magerungsmittel,

d. h. sie werden dem Tonmehl beigemischt, um das Schwinden und Reißen der Tonmasse beim Trocknen und Brennen zu verringern.

Am besten besorgen Sie sich (z. B. bei den angegebenen Firmen) über die Materialien einen Prospekt mit Preisliste. Sammelbestellungen sind immer günstiger, da die Fracht meist sehr teuer ist. Vielleicht finden sich Nachbarn oder Freunde, die beim Modellieren mitmachen möchten.

In einer Plastik- oder Zinkwanne (auf jeden Falle nichtrostender Behälter) mischen Sie dann 3 Teile Tonmehl mit 1 Teil Schamottemehl oder Quarzsand trocken gut und kräftig durch (Vorsicht, staubt!). Am besten geht es mit den Händen.

Ist alles gut gemischt, geben Sie so viel Wasser zu, bis Sie einen dickbreiigen Schlamm haben (die Wassermenge beträgt etwa 1/3 der Trockenmasse). Achten Sie darauf, daß das Wasser mit der *gesamten* Trockenmasse in Berührung kommt, damit keine „Trockennester" entstehen, die das Zusammenhaften der Tonmasse verhindern. – Am besten nimmt man wieder die Hände zu Hilfe und gräbt Löcher in die Masse und leitet dort das Wasser hinein.

Sie haben nun Ihre Tonmasse „gesumpft" oder „geschlämmt". Nach 1 bis 3 Tagen *Sumpfzeit* legen Sie den Tonschlamm in Form von 2 bis 4 cm dicken Fladen zwischen je zwei Gipsplatten oder -dielen, die Sie in jeder Baumaterialienhandlung erhalten. – Vor der Benutzung sollten sie von losen Gipsstückchen befreit werden, da sie sonst die Tonmasse verunreinigen und das Tongut beim Brennen zum Reißen bringen würden. *Fremdkörper in der Tonmasse wirken in der Hitze des Ofens explosionsartig!* – Der saugfähige Gips entzieht dem Ton die überschüssige Feuchtigkeit. Dicke Pappstücke erfüllen notfalls denselben Zweck.

Wenn der Ton beim Betasten (*Daumenprobe*) nicht mehr an den Fingern hängen bleibt, ist er zur weiteren Verarbeitung geeignet.

Sollte Ihnen dieses Verfahren jedoch zu umständlich und platzraubend sein, lassen Sie die Tonmasse 2 bis 3 Wochen (1 bis 2 Wochen zugedeckt und 1 Woche aufgedeckt) in der Wanne sumpfen; damit das Wasser langsam verdunsten kann. Dann können Sie den Tonschlamm, der inzwischen etwas fester geworden ist, in kleineren Mengen wie einen Kuchenteig mit Tonmehl vermengen und so lange kneten, bis der „Teig" eine glatte Oberfläche hat und beim Aufschneiden mit dem Messer eine speckig glänzende Schnittfläche zeigt (s. „Daumenprobe").

Sie können Modellier- und Aufbautone auch in einer Töpferei oder keramischen Werkstatt, in einer Ofenkachelfabrik, bei einem Ofensetzer oder in einer Ziegelei besorgen. *Kleine Steine* (im Ziegeleiton) müssen *vor* dem Verarbeiten gründlich entfernt werden, da sonst die Werkstücke beim Brennen reißen könnten.

In Ziegeleien oder Töpfereien besteht manchmal auch die Möglichkeit, die selbstgefertigten Keramiken brennen zu lassen.

Firmen für keramischen Bedarf verschicken auch die fertige Tonmasse in Plastiktüten verpackt als Riegel von ca. 11 kg. – Auch hier ist es ratsam, größere Mengen zu bestellen.

Wie wird die Tonmasse präpariert?
Die Tonmasse muß nun mit den flachen Händen geschlagen werden. Dadurch wird eingeschlossene Luft entfernt. *Denn Luftblasen in der Tonmasse dehnen sich in der Hitze des Ofens aus und führen zum Reißen unserer Werkstücke.*

Das Schlagen des Tons:
Formen Sie aus der Tonmasse Laibe, jeweils ca. 20 cm lang und 12 cm breit, und schlagen Sie sie mit der flachen Hand kräftig auf allen Seiten. Dann schneiden Sie sie mit dem *Schneidedraht* oder *Messer* (s. Seite 11f.) in der Mitte durch und setzen die Teile mit der Schnittfläche nach unten auf den Tisch.
Anschließend werden die nach oben gekehrten kleineren Flächen, zur besseren Verbindung, mit den Fingern aufgerauht und dann aufeinandergeklatscht. Diesen Vorgang: Schlagen, schneiden, umdrehen und aufrauhen, aufeinanderklatschen, schlagen ... wiederholen Sie 10- bis 15mal, indem Sie die Tonstücke abwechslungsweise einmal längs und einmal quer durchschneiden. Auf diese Art und Weise wird die ganze Masse gut durchgeschlagen.

Wie muß fertiger Ton aussehen?
Zur Probe schneiden Sie von den Tonstücken je eine Scheibe ab und drücken sie zwischen den Fingern zusammen. – Erscheinen dabei keine kleinen erhabenen Stellen oder Luftbläschen mehr, können Sie die Tonmasse in Plastiktüten luftdicht zur weiteren Verarbeitung aufbewahren. Legen Sie die Masse außerdem noch in einen Plastikeimer, der mit einem Deckel verschlossen werden kann, dann bleibt der Ton wochenlang frisch.

Wie wird festgewordener oder eingetrockneter Ton wieder aufbereitet?
Festgewordener, noch nicht trockener Ton kann wieder weich gemacht werden: Sie wickeln ihn in ein gut angefeuchtetes Tuch und bewahren ihn in einer *luftdicht* verschlossenen Plastiktüte auf. Schon nach einem Tag kann der Ton wieder verarbeitet werden.
Trockener Ton wird in einem Plastikbehälter gesammelt und von neuem mit Wasser gesumpft, geknetet und geschlagen.

Welche Eigenschaften hat guter Ton?
Ton sollte *bildsam,* d. h. gut formbar sein – eine Eigenschaft, die Sie selbst prüfen können:
Ton ist bildsam, wenn er bei der Verarbeitung nicht reißt. Formen Sie zwischen den Handflächen eine Tonkugel und drücken Sie diese auf dem Tisch zu einer runden Platte zusammen. – Entstehen am Rand der Platte *keine* Risse, haben Sie guten bildsamen Ton.

Es gibt *fette* und *magere Tone:* Die fetten Tone fühlen sich glatt und geschmeidig an und werden hauptsächlich für Arbeiten mit der Drehscheibe verwendet. Sie nehmen mehr Wasser auf als die mageren Tone, quellen stärker und trocknen deshalb langsamer, verziehen sich beim Trocknen leichter und glänzen speckig.

Magere Tone fühlen sich rauh und körnig an und glänzen nicht. Sie nehmen weniger Wasser auf, sind weniger bildsam, quellen, schwinden und verziehen sich nicht so leicht wie die fetten Tone und trocknen schneller. Man verwendet sie gerne für figürliche Arbeiten.

Werkzeuge, Geräte und andere Hilfsmittel

Sie möchten nun wissen, wie Sie sich zweckmäßig mit Werkzeugen und Geräten ausstatten können.
Vielleicht liegt der Ton schon gut verpackt in einem verschließbaren Plastikgefäß zur Bearbeitung bereit, und Sie können der Versuchung nicht widerstehen, irgend etwas aus einem Stück Ton zu formen. – Dabei bemerken Sie, daß Ihre Finger und Hände beim Modellieren die wichtigsten Werkzeuge sind: Mit Daumen, Zeige- und Mittelfinger können Sie dem weichen Material jede gewünschte Form geben. Sie können es kneten, drücken, können Tonstücke ansetzen und wegnehmen. Durch Übung werden Ihre Finger immer geschickter und gewandter.
Für die feinere Bearbeitung Ihrer Arbeiten benötigen Sie aber einige Hilfswerkzeuge, die im folgenden Kapitel beschrieben werden.

Ton kann geschnitten werden
... und zwar mit einem *Schneidedraht* oder -faden (Abb. 1), den Sie selbst herstellen können.
Dazu benötigen Sie:
Zwei kleine, etwa 4 bis 5 cm lange Hölzchen oder Rundholzstücke (im Fachgeschäft erhältlich) mit einem Durchmesser von ca. 0,8 bis 1 cm; ungefähr 30 cm dünnen Blumendraht (aus dem Eisenwarengeschäft oder vom Gärtner); Perlonfaden; eine Feile oder ein Messer (Taschenmesser).

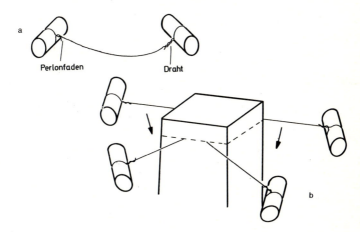

Abb. 1

Die beiden Hölzchen werden auf halber Höhe rundum mit einer Kerbe versehen: Während Sie das Holz in der einen Hand halten und langsam drehen, feilen Sie mit der anderen Hand mit schiebenden Bewegungen die Kerbe ca. 1 bis 2 mm tief ein. – Oder: Mit dem Messer werden ringsherum *zwei* Einschnitte im Abstand von ca. 2 mm gemacht, und danach wird das Holz zwischen den Einschnitten herausgehoben.
In die so entstandenen Rillen legen Sie je ein Drahtende und lassen es etwas überstehen, um es zur Befestigung noch ein paarmal, dicht am Hölzchen, um das lange Mittelstück des Drahtes zu winden (Abb. 1a). – Sie können auch einen dicken Perlonfaden mit festem Knoten an den beiden Hölzchen befestigen.
Nun nehmen Sie die Hölzchen mit kurz gestrafftem Schneidefaden bzw. -draht in die Hände – der Tonklumpen steht aufrecht vor Ihnen auf dem Tisch – setzen den Draht oder Faden auf der Rückseite des Klumpens an und ziehen ihn von hinten nach vorne durch den weichen Ton, bis ein flaches Stück abgetrennt ist. Versuchen Sie immer, dünne „Scheiben" abzuschneiden (Abb. 1b).
Mit einem alten rostfreien Küchenmesser (Abb. 2) kann der Ton natürlich genausogut geschnitten werden.

Aushöhlen und Abtrennen des Tons
Zum Aushöhlen der Figuren und Abtrennen des Materials fertigen Sie eine *Drahtschlinge* (Abb. 3a) an.
Dazu benötigen Sie ein Rundholz (Durchmesser 10 cm, Länge 12 bis 15 cm) und 0,1 cm starken Stahldraht sowie einen dünnen Blumendraht.
Feilen Sie an beiden Enden des Rundholzes je zwei einander gegenüberliegende Kerben ein (Abb. 3b). Biegen Sie über jeweils einem Ende des Holzes den Stahldraht so zu einer (ca. 2 bis 2,5 cm langen) Schlinge, daß ihre Enden in die Kerben kommen. Fest eindrücken und das Holz an diesen Stellen mehrmals mit Blumendraht umwickeln.
Mit einem alten *rostfreien Küchenlöffel* (Abb. 3c) können Sie ebenfalls Figuren aushöhlen oder Ton abtrennen.

Modellieren
Für feine Modellierarbeiten sind unsere Finger oft zu dick. Dann greifen wir zum *Modellierholz* (Abb. 4):
Ein etwa 25 cm langes Vierkantholz (rechteckiger Querschnitt) wird an beiden Enden mit der Feile, dem Taschen- oder Schnitzmesser spitz zulaufend (Abb. 4a) oder rund (Abb. 4b) abgeflacht.
Das Holz wird dann geschmirgelt und in gekochtes Leinöl gelegt, damit es haltbar wird.

Ausrollen (oder Auswellen) des Tons (Abb. 6, Seite 14)
Im Laufe unseres „Töpferlehrganges" müssen wir lernen, Figuren oder Gefäße aus *Tonplatten* herzustellen.

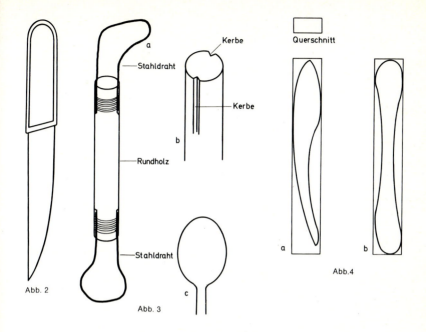

Abb. 2　Abb. 3　Abb. 4

Vielleicht besitzen Sie ein ausgedientes Well- oder Nudelholz, das sich sehr gut zum Auswellen oder Ausrollen des Tons eignen würde. Ein abgesägter Besenstiel, ca. 35 cm lang, erfüllt aber denselben Zweck (Abb. 5a).
Zusätzlich benötigen Sie mindestens zwei Vierkanthölzer mit rechteckigem Querschnitt (Abb. 5b) als Begrenzungsleisten. – Man kann sie als Meterware in jedem Fachgeschäft kaufen und selbst zurechtsägen. Folgende Maße sind für Begrenzungsleisten geeignet:
0,6 × 2,0 × 35,0 cm oder 0,9 × 2,0 × 35,0 cm (Höhe × Breite × Länge).

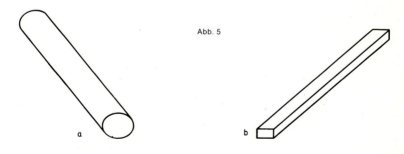

Abb. 5

13

Abb. 6. Auswellen von Tonplatten

Als Unterlage zum Ausrollen und gleichzeitig als Arbeitsplatte nehmen Sie am besten ein glattes Holzbrett, eine Hartfaserplatte (beides erhältlich in einer Schreinerei) oder aber eine Zeitung, über die Sie ein Stück Plastiktuch legen.

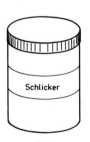

Abb. 7

Befestigen von Einzelteilen
Zum Befestigen von Einzelteilen (Arme, Beine etc.) brauchen Sie einen „Tonklebstoff", den sogenannten *Schlicker*: Verrühren Sie Tonmehl oder Tonmasse mit Wasser zu einem dicken, schlammigen Brei und füllen Sie diesen in ein Glas mit Schraubdeckel, damit der Schlicker vor dem Austrocknen geschützt wird (Abb. 7).

Bearbeiten der Oberfläche:
Mit einem Natur- oder Kunststoffschwamm, einem Teigschaber aus Plastik oder einem alten Löffel lassen sich unsere Werkstücke gut *glätten* (Abb. 8a, b).

Wollen Sie dagegen eine *rauhe* Oberflácce erzielen, bearbeiten Sie den weichen Ton mit einer alten Gabel oder einem Taschenkamm (Abb. 8 c, d). – Mit diesen Werkzeugen lassen sich auch schöne Ornamente anbringen.

Abb. 8

Weitere wichtige Hilfsmittel sind:
eine *Plastik- oder Zinkwanne* für die Zubereitung der Tonmasse;
ein *Plastikeimer mit Deckel* zur Aufbewahrung der Tonmasse;
Plastiktüten in jeder Größe und Ausführung zum Frischhalten der Werkstücke;
ein *feines Haushaltssieb (Haarsieb) aus Perlon* zum Durchreiben der Glasuren und Engoben (s. Seite 84f.; 30);
verschließbare Plastik- und Glasbehälter zum Aufbewahren und Frischhalten der Glasuren und Engoben (s. Seite 84; 30);
ein *Schwamm oder Lappen* zur Reinigung der Arbeitsplatte;
ein *Pinsel* zum Bemalen.

Der Arbeitsplatz
Ein stabiler Tisch mit *kunststoffbeschichteter* Platte ist der geeignetste Arbeitsplatz, da er jederzeit mit einem Lappen oder Schwamm abgewischt werden kann (eine Plastiktischdecke ist auch recht praktisch).
Um den richtigen Abstand zum Werkstück zu haben, sollten Sie es etwas erhöht stellen können. Dabei kann ein fester Pappkarton oder eine kleine Holzkiste gute Dienste leisten.

Besser ist aber eine „*Tischränderscheibe*" (Abb. 9, Seite 16), wie sie im Fachhandel komplett erhältlich ist: Sie hat einen drehbaren Fuß, so daß man dem Werkstück jederzeit von allen Seiten beikommen kann (s. Abb. 11, Seite 17).
Eine Ränderscheibe kann man aber auch selbst basteln (Abb. 10, Seite 16). Sie benötigen:
Zwei ca. 3 cm dicke quadratische Bretter (Seitenlänge ca. 20 cm); zwei Holzleisten, etwa 1,5 cm dick und 20 cm lang; einen 12 cm langen, dicken Holzzapfen (oder ein ebenso langes Stück von einem Besenstiel); 6 bis 8 Sattlernägel mit dicken Köpfen (als „Gleitnägel"); Holzbohrer; Säge; Nägel; Leim und einen schwarzen Filzstift. Nageln Sie an der Unterseite des einen quadratischen Brettes an zwei gegenüberliegenden Kanten die beiden Leisten als Standfüße

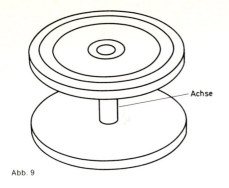

Abb. 9

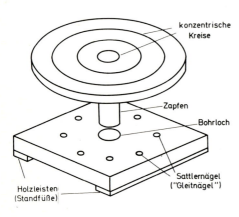

konzentrische Kreise
Zapfen
Bohrloch
Sattlernägel ("Gleitnägel")
Holzleisten (Standfüße)

Abb. 10

an. Bohren Sie dann auf der Oberseite im Mittelpunkt ein Loch (nicht durchbohren!), in dem der Zapfen (bzw. der Besenstiel) Platz hat und auch mühelos gedreht werden kann.
(Der Durchmesser des Bohrloches sollte also etwas größer sein als die spätere „Achse".) Um das Drehloch herum werden in gleichmäßigen Abständen die Gleitnägel bis zum Kopf in das Brett eingeschlagen.
Dann wird aus dem zweiten quadratischen Brett eine Scheibe (Durchmesser = Seitenlänge) ausgesägt und in deren Mittelpunkt der Holzzapfen fest angeleimt. Zum Schluß zeichnen Sie auf der Drehscheibe mit schwarzem Filzstift einige konzentrische Kreise ein.
Nun sollten Sie Ihren Arbeitsplatz so herrichten, daß alle Werkzeuge stets zur Hand sind und Sie gleich mit dem Modellieren beginnen können.

Abb. 11. Verstreichen der Tonwülste an einem Gefäß auf der Tischränderscheibe

Figuren

Kleine Geschichte der Tonplastik

Das Wort „Keramik" stammt aus dem Griechischen (keramos = Ton) und benennt erstens die *Technik* zur Herstellung von Gegenständen aus gebranntem Ton und zweitens das *Produkt* selbst. Eine roh gebrannte, unglasierte Figur aus Ton nennt man *Terrakotta* (it., gebrannte Erde).

Der Ton wird aus dem Erdreich gewonnen und gehört zu den ältesten Materialien, die schon vor Tausenden von Jahren Verwendung fanden. Und so hat man auch überall in der Welt Tonplastiken gefunden und in Museen ausgestellt: aus babylonischer und assyrischer Zeit, aus dem alten Ägypten, aus der griechischen und römischen Antike und aus dem Mittelalter. Die Schöpfer dieser Figuren haben bei der Herstellung ihres Materials bereits dieselbe Technik angewendet wie wir heute. Auch sie haben wohl vor allem mit den Händen geformt und modelliert.

Die ersten plastischen Formen aus Ton wurden in allen Kulturen in derselben Technik angefertigt – nämlich aus einem Tonstück *herausgeformt*. Diese Plastiken waren meist klein und wurden den Verstorbenen ins Grab mitgegeben oder zu sonstigen kultischen Zwecken verwendet, zum Beispiel als Fruchtbarkeitssymbole. – Bald merkte man aber, daß sich diese *vollplastischen* Figuren nur sehr schlecht brennen ließen und sie besser hohl wären.

So erfand man die *Patrize* und die *Matrize*. Die Patrize war eine vollplastische (Ton-)Form, die in halbhartem Zustand der Länge nach aufgeschnitten, ausgehöhlt, wieder zusammengesetzt und gebrannt wurde. (In Athen wurden Patrizen aus dem 4. Jh. v. Chr. ausgegraben.) Um diese Patrize herum wurde dann ein Tonmantel, die Matrize, geformt, der meist auf der Rückseite offenblieb. Noch nicht ganz durchgetrocknet, wurde die Matrize abgenommen und in ihren feinen Details nachgearbeitet. Man konnte auf diese Art und Weise viele gleiche Figuren, ja sogar ganze Serien herstellen. Serienfiguren entstanden meist von der ersten Matrize, die besonders sorgfältig gearbeitet war.

Es wurden aber keineswegs nur kleine Figuren geschaffen. Die halbaufgerichteten, mehr als meterhohen Gestalten auf etruskischen Sarkophagen zeugen von der hochentwickelten Herstellungs- und Brennkunst dieses Volkes. Auch aus Kreta und Mykenä sind uns Figuren von hoher künstlerischer Qualität überliefert und bekannt. – Ganz berühmt aber sind die Tanagrafiguren aus Böotien, die mittelgroß und vielfach farbig bemalt sind. Man tauchte sie vor dem Brennen in noch nicht ganz getrocknetem Zustand, wir bezeichnen ihn als „lederhart", in einen einfarbigen Tonschlamm und bemalte sie dann bunt. – Wir nennen diese Technik „engobieren".

In Deutschland hatten sich, dank der großen Tonlager, Ende des 14. Jhs. n. Chr. bestimmte Zentren der Tonverarbeitung gebildet, z. B. in Nürnberg

und Umgebung, am Mittelrhein und am Niederrhein. Auch hier waren zuerst kleine primitive, mit den Händen vollplastisch geformte Figuren vorausgegangen.
Später höhlte man die Figuren vor dem Brand aus oder baute sie gleich hohl auf, indem man den Ton in Schichten übereinanderlegte. Im Rücken der Figur ließ man eine Öffnung frei, um sie auch innen bearbeiten zu können. Am Schluß wurde diese Öffnung verschlossen. Einzelteile wie Beine und Arme wurden frei modelliert und, noch nicht ganz getrocknet, in konischen (kegelförmigen) Löchern am Körper befestigt. Auf diese Weise formte man größere Figuren – bei der Herstellung von kleinen Figuren verwendete man Patrizen und Matrizen.
Eine beliebte Schmucktechnik war das *Kaltbemalen:* Die Tonfläche wurde zuerst mit Kreide dicht bemalt, und auf diesen Malgrund trug man dann Temperafarben oder Öllasuren auf.
Manchmal wurden diese Figuren auch vergoldet.
Es gab noch verschiedene andere Formen und Techniken, die zu beschreiben aber über unseren Rahmen hinausginge, denn Sie warten ja darauf, endlich Ihre ersten „Gehversuche" im Formen von Tonfiguren zu machen, und werden bald feststellen: So schwierig ist das gar nicht. – Problematisch wird das Arbeiten mit Ton dann, wenn man sich durch das weiche Material zu Übertreibungen hinreißen läßt. Sie sollten sich deshalb beim Formen von Tonplastiken nicht in Differenzierungen verlieren, sondern versuchen, wie Kinder zu vereinfachen und das Wesentliche einer Form zu erfassen.

Stufenweise aufbauend beginnen wir zunächst mit den einfachsten Formen und Techniken.

Ein Fantasievogel (Abb. 12, Seite 20)
Er wird aus den drei Grundformen Kugel, Ei und Walze zusammengesetzt. Wie soll er aussehen?
Als Vorbild für diese erste Figur dient uns die natürliche Körperform des Vogels. Wir wissen alle, daß der Vogel nach einer mehr oder weniger langen Zeit des Brütens aus dem *Ei* ausschlüpft und erst nach sorgfältiger Aufzucht flügge wird.
Wenn Sie nun seinen kleinen Körper betrachten, wird Ihnen auffallen, daß dieser mit der Eiform vergleichbar ist. Auch das Köpfchen sitzt kugel- oder eiförmig auf dem kleinen Körper. – Soweit wollen wir uns beim Formen des Vogels an die Natur halten.
Das Gestalten der Füße, der Flügel, des Schwanzes, des Federkleides und des Schnabels soll dagegen Ihrer Fantasie überlassen sein. Sie müssen nur auf die *Proportionen* achten: Alle diese Einzelteile sollten so groß sein, daß sie zum Körper passen. – Zu fein gearbeitete Details können übrigens schon beim Trocknen abbröckeln.

Abb. 12 (oben). Fantasievögel, nach dem Schrühbrand kalt bemalt (Schülerinnen, 13–14 Jahre)

Abb. 13 (unten). Fantasievogel (unbemalt) und seine zwei Grundformen Kugel und Ei (Vogel: Kursteilnehmer)

Wie entsteht die Figur? (s. auch Abb. 13)
Sie schneiden vom großen Tonballen eine etwa mittelfingerdicke Scheibe ab und teilen diese 2:1 in ein größeres (für den *Körper)* und ein kleineres Stück (für den *Kopf).*
Aus jedem der beiden Teile formen Sie durch Stauchen und Rollen zwischen Ihren Handflächen je eine Kugel (Durchmesser ca. 4 und 2 cm). Das Stauchen soll den Ton so eng zusammenschließen, daß sich keine Luftblasen im Innern der Kugeln bilden können. – Entstehen beim Formen an der Oberfläche der Kugeln durch Übereinanderschieben des Tons Falten, streichen Sie sie mit den Fingern glatt. – Sind Risse entstanden, müssen Sie diese ebenfalls zustreichen. Arbeiten Sie rasch und zügig, denn Ihre Hände entziehen der Tonmasse Feuchtigkeit, und das verursacht solche Risse. (Trockene Hände werden mit Handcreme geschmeidig gehalten.)

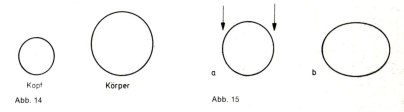

Kopf   Körper
Abb. 14   Abb. 15

Sie haben nun die beiden glatten Kugeln vor sich liegen (Abb. 14):
Die große Kugel wird zum Ei (Abb. 15b) geformt, indem Sie sie zwischen den Handtellern oder mit einer Hand auf dem Tisch rollen und dabei an zwei einander gegenüberliegenden Seiten stärkeren Druck ausüben (Abb. 15a).
– Es ist übrigens nicht ratsam, die Kugel mit den Fingern zu bearbeiten, da diese Druckstellen im weichen Ton hinterlassen. – Wenn Sie auch ein eiförmiges Köpfchen haben wollen, wiederholen Sie diesen Vorgang mit der kleineren Kugel.
Das Zusammensetzen von Kopf und Körper des Vogels soll hier als *grundlegendes Beispiel und Muster für das Zusammenfügen von Einzelteilen* zu einer Figur beschrieben werden: Drücken Sie den Kopf so stark auf *die* Stelle des Körpers, auf der er später sitzen soll, daß an Kopf- und Körperteil eine sichtbare Druckstelle entsteht. Beide Druckstellen werden nun mit dem Messer gitterförmig aufgerauht (Abb. 16, Seite 22). Kopf und Körper verbinden sich dadurch besser miteinander. – Dann bestreichen Sie die Druckstellen mit Schlicker und pressen sie fest aufeinander.

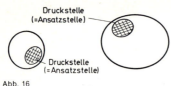 

Abb. 16   Abb. 17

Zwischen Kopf und Körper ist eine Nahtstelle entstanden (Abb. 17), die Sie zunächst mit den Fingern verstreichen. Dann wird zusätzlich ein kleines Ton-„Würstchen" (Durchmesser etwa 5 mm) über die Nahtstelle gelegt. Zu diesem Zweck formen Sie eine kleinere Kugel, die an zwei Seiten mit den Fingern leicht zusammengedrückt und mit der Handfläche auf dem Tisch ausgerollt wird (Abb. 18a,b,c). Nun legen Sie das Würstchen rund um die Nahtstelle zwischen Kopf und Körper (Abb. 19a) und verstreichen es mit Daumen und Zeigefinger so lange über Kopf und Körper, bis keine Naht mehr zu sehen ist (Abb. 19b).

Die Figur kann entweder ohne Fuß bleiben und aussehen wie ein brütender Vogel im Nest, oder Sie setzen ihr einen dicken *Fuß* an den Körper, so daß sie eine feste Standfläche hat. – Formen Sie dazu eine Kugel und rollen diese auf dem Tisch aus, indem Sie den Druck der Hand nach einer Seite hin verstärken: So entsteht die Form eines Kegelstumpfes (Abb. 20a). Auf diese Art und Weise kann auch ein *Hals* geformt werden, der dann zwischen Kopf und Körper gesetzt wird (Abb. 20b).

Hals und Fuß werden wieder mittels Andrücken, Anritzen, Beschlickern, Zusammensetzen und Verstreichen fest mit dem Körper verbunden.

Für *Schwanz* und *Flügel* drücken Sie drei größere Kugeln auf dem Tisch flach, so daß etwa fingerdicke Scheiben entstehen, aus denen Sie mit dem Messer Schwanz und Flügel des Vogels ausschneiden können. – Wenn Sie sich über die Formen dieser Teile nicht sicher sind, zeichnen Sie einfach Papiermuster (Abb. 21a,b), die Sie ausschneiden und auf die Tonscheiben übertragen können. Um zwei genau gleiche Flügel zu bekommen, verwenden Sie zum Aufzeichnen und Ausschneiden des Musters doppeltliegendes Papier (Abb. 21b).

Der *Schnabel* wird aus einer kleinen Kugel geformt, die durch einseitigen Druck beim Rollen zwischen den Händen oder auf dem Tisch die Form eines spitzen Kegels annimmt (Abb. 22a). – Aus zwei Kegeln entsteht ein offener Schnabel (Abb. 22b). Vergessen Sie nicht, Ihrem Vogel *Augen* in Form von ganz kleinen Kugeln an beiden Seiten des Kopfes aufzusetzen.

Alle diese Teile werden nun am Körper in der auf Seite 21 beschriebenen Technik angesetzt.

Allerdings können Sie Schwanz und Flügel auch *direkt* aus dem Vogelkörper herausformen, indem Sie zwischen Daumen, Zeige- und Mittelfinger den

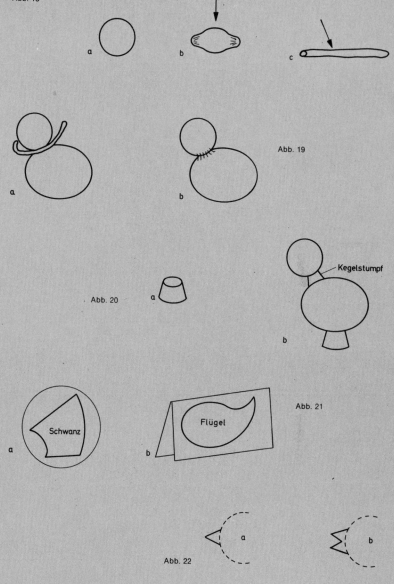

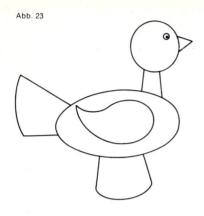

Abb. 23

Ton aus dem Körper *herausziehen* und in die gewünschte Form bringen. (Sie sollten dazu Ihre Finger befeuchten.) Abbildung 23 zeigt den fertigen Vogel.

Wie kann der Vogel geschmückt werden?

Als Federn eignen sich besonders gut vorgeformte Teile aus Ton wie kleine Kugeln, Würstchen oder plattgedrückte Kugeln. – Hübsch macht sich auch ein *Kopfschmuck*, ebenfalls aus vorgeformten Teilen aufgesetzt. (Auf Seite 20 sehen Sie einige Beispiele.)

Ritzen Sie auch hier die Teile leicht an und beschlickern Sie sie vor dem Andrücken an den Körper. Aufgesetzter Schmuck muß besonders gut mit dem Körper verstrichen werden, am besten nehmen Sie dazu das Modellierholz. Mit Hilfswerkzeugen wie Nägeln, Schrauben, Hölzchen aller Arten und Größen und was Sie sonst noch in Ihrem Haushalt finden können, lassen sich schöne Muster in den weichen Ton drücken.

Das Kaltbemalen

Auf Seite 20 sehen Sie einige hübsche Beispiele von Vögeln, die *nach dem Brennen* mit Plakatfarbe kalt bemalt worden sind. Die gebrannten Figuren werden zunächst an den zu bemalenden Stellen mit weißer Farbe grundiert, damit später die bunten Farben besser decken und leuchtender wirken. – Wenn Sie Ihren Farben etwas Weiß zugeben, bekommen Sie schöne *Pastelltöne*. Sie müssen zum Bemalen Ihrer Figuren nicht jeden Farbton im Fachgeschäft kaufen. – Besorgen Sie lediglich Schwarz, Weiß, Blau, Rot und Gelb, alle übrigen Farbtöne lassen sich leicht daraus mischen:
So entsteht
aus Rot und Blau → Violett
aus Gelb und Rot → Orange
aus Blau und Gelb → Grün
Das ergibt (mit Schwarz und Weiß) schon acht verschiedene Farbtöne.
Mit Weiß oder Schwarz gemischt, können alle Farbtöne außerdem noch aufgehellt oder abgedunkelt werden. Probieren Sie die Farben zunächst auf einer fingerdicken, gebrannten Tonscheibe aus.
Zur Bemalung des Vogels stehen nun verschiedene Möglichkeiten offen: Streifen in verschiedenen Farben aneinandergesetzt, mit Linien-Mustern, wie z. B. Zick-Zacklinien, Wellenlinien, versetzt mit Punkten oder senkrechten Strichen, aufgelockert. Schwanz, Flügel und Kopfschmuck können dichter bemalt werden. – Oder: Ein einfarbig bemalter Körper und bunt bemalte Teile. Es

ist immer hübsch, wenn sich verzierte und einfarbige Flächen abwechseln. Auch hier gilt die gleiche Regel wie beim Einkerben von Ornamenten: Unterstreichen und hervorheben der einzelnen Körperteile. (Diese kaltbemalten Figuren erinnern uns an buntbemalte Volkskunst, z. B. an die Holzpferdchen aus Dalarna in Schweden).
Natürlich kann der Vogel auch *engobiert* oder *glasiert* werden, doch darüber mehr auf den Seiten 29 ff. (76 ff.) und 83 ff.

Über das Trocknen des Tongutes
Am liebsten würden Sie jedes Stück, das neu entstanden ist, sofort brennen oder brennen lassen, einfach um zu wissen, wie es nach dem Brand aussieht. Der erste Brand gibt Ihrem Tonstück ja auch erst die richtige Haltbarkeit und Dauerhaftigkeit. – Wie dauerhaft gebrannte Tonware sein kann, sehen wir an den ausgegrabenen Keramiken, die sich über Jahrtausende hinweg erhalten haben.
Um nun ein Zerbrechen der Tonware beim Brennen zu vermeiden, muß sie gut und gründlich getrocknet werden, und das dauert je nach Größe und Stärke der Ware 1 bis 3 Wochen. – Ein Keramiker muß also auch über sachgemäßes und richtiges Trocknen des Tongutes Bescheid wissen.

Was geschieht mit dem Tongut beim Trocknen?
Das mechanisch gebundene Wasser, das die Tonmasse beim Sumpfen aufgenommen hat (man kann es auch das „Anmachewasser" nennen), entweicht beim Trocknen der Tonstücke. Dadurch rücken die einzelnen Tonteilchen näher zusammen, so daß die Tonstücke kleiner werden. Man nennt diesen Vorgang *„Schwinden"* oder *„Luftschwindung"*.
Sie können den Grad der Schwindung Ihrer Tonmasse anhand eines Versuches feststellen: Formen Sie einen Tonstreifen von etwa 12 cm Länge und ritzen, parallel zur längeren Seitenkante, darin eine Linie ein. Auf dieser Linie markieren Sie zwei senkrechte Striche im Abstand von genau 100 mm.
Beim Trocknen des Tonstreifens rücken diese beiden Markierungen zusammen, was sich durch Nachmessen feststellen läßt. – Ist der Abstand zwischen den beiden Markierungen z. B. um 6 mm kürzer geworden, hat eine Schwindung von 6% stattgefunden.

Wie kann das Tongut sachgemäß und richtig trocknen?
Am besten stellen Sie Ihre Tonstücke auf eine feste ebene Unterlage, beispielsweise auf eine Preßspan- oder Tischlerplatte. Vielleicht haben Sie auch ein Holzregal, in dem sich gleich mehrere Figuren auf einmal unterbringen lassen. Da der Fuß einer Figur leicht die Form der Unterlage annimmt, ist als Trockenfläche ein dünnes, sich leicht verziehendes Holz ungeeignet.
Das Tongut muß so frei stehen, daß es von *allen* Seiten gleichmäßig trocknen kann. (Gleichmäßig dick aufgebaute Figuren können auch gleichmäßig trocknen.) Die Temperatur am Trockenplatz sollte möglichst konstant sein. Die Gegenstände müssen vor Zugluft und einseitiger Wärme, wie z. B. durch die Nähe

eines Ofens oder durch direkte Sonnenbestrahlung, sowie vor der Berührung mit Wasser geschützt werden. Andernfalls wäre ein Krumm- und Schiefwerden der Figuren kaum zu vermeiden. Besagte Verformungen während des Trockenprozesses nennen wir „Verziehen".

Auch Wetter und Jahreszeiten können das Trocknen unserer Tonstücke beeinflussen: So trocknen bei hoher Luftfeuchtigkeit die Stücke langsamer, bei trockenem und warmem Wetter dagegen rascher. – Da sich aber bei zu schnellem Trocknen leicht Risse im Tongut bilden können, führt man in der Industrie der Heißluft eigens Feuchtigkeit zu, um ein zu rasches Austrocknen der Oberfläche der Tonware zu vermeiden.

Tongut trocknet von außen nach innen. Dünnwandige Tonstücke haben bei normaler Lufttemperatur eine Trockenzeit von ca. 1 bis 1 1/2 Wochen. Dickwandige Stücke brauchen 2 bis 3 Wochen, bis sie vollständig durchgetrocknet sind. – Große Gegenstände sollte man nach einiger Zeit umdrehen, damit sie auch von unten her austrocknen können.

Abstehende Teile, wie Arme, Hände oder Füße der Figuren kann man vor dem Abbrechen durch zu schnelles Trocknen schützen, indem man sie zu Beginn des Trockenprozesses mit leicht angefeuchteten Tüchern abdeckt. (Dies sollte aber nicht zu lange und allzu intensiv gemacht werden, damit die Teile nicht letztlich aufweichen.) Ich selbst decke immer *alle* Tonstücke während der ersten 2 Tage mit Zeitungspapier oder Plastiktüten ab, um ein Reißen zu vermeiden.

Wie erkennt man den richtigen Trockenzustand eines Tonstückes?
Im Verlauf des Trockenprozesses gibt es vier Trockenstufen, die Sie kennen sollten.
Nehmen wir als Beispiel den Fantasievogel, den Sie eben erst zum Trocknen beiseite gestellt haben:
Er ist noch *feucht* (1.), hat eine dunkle Farbe und fühlt sich weich an. Er kann also noch verformt werden, und jede stärkere Berührung hinterläßt Druckstellen. – Schon nach einigen Stunden bemerken Sie, daß er zwar immer noch die gleiche feucht-dunkle Farbe hat, inzwischen aber viel härter geworden ist: Er ist jetzt „*feuchthart*" (2.). Der Trockenprozeß hat begonnen. – Sie könnten den Vogel aber immer noch bearbeiten und sogar einzelne Teile ansetzen. In diesem Falle müßten Sie die beiden Ansatzstellen gut befeuchten, anritzen, beschlickern, das lose Teil an die Figur andrücken, die Nahtstelle mit einem Tonwürstchen abdecken und alles glatt verstreichen. 1 Tag später ist die Figur ziemlich hart und schon etwas heller geworden. Man nennt diesen Zustand „*lederhart*" (3.). Die Oberfläche des Vogels kann noch gut geritzt, geklopft oder mit Tonfarbe bemalt werden (s. Seite 29 ff., „Engobemalerei"). – Ganz bedingt könnten Sie auch noch Einzelteile ansetzen. Nach 1 Woche ist der Vogel durch die Trockenschwindung etwas kleiner und seine Oberfläche hell geworden, als ob sie ausgebleicht worden wäre. In diesem harten Zustand kann die Oberfläche nur noch mit Schmirgelpapier verändert werden.

Nach einer weiteren Woche ist dann der Vogel auch im Kern getrocknet. Diesen Zustand nennen wir „*knochenhart*" (4.). Die Figur hat nun einen hellen, weißlichen Farbton, ähnlich dem von Knochen, und kann gebrannt (s. Seite 50) werden. – Sollten Sie aber immer noch nicht vollständig von der Brennbarkeit Ihrer Tonstücke überzeugt sein, können Sie die „Nagelprobe" machen: Entsteht beim Anritzen der Oberfläche mit dem Fingernagel eine helle Spur, ist die Figur brenntrocken. (Eine weitere Hilfe: Feuchte Stücke klingen beim Beklopfen mit dem Fingerknöchel dunkel, trockene Stücke dagegen hell.)

Geben Sie nie ein halbgetrocknetes Tonstück in den Ofen, es könnte beim Brand reißen, und Sie müßten enttäuscht die einzelnen Scherben wegwerfen. Auch bereits bei unsachgemäßem Trocknen kann sich das Tongut verziehen, d. h. sich aufwerfen, biegen oder krumm werden und im Ofen ebenfalls reißen.

Aus der Eiform lassen sich noch viele andere Tiere formen –, denken Sie allein an die vielen Vogelarten, wie z. B. Enten, Gänse, Schwäne etc.

Auch Fische, Mäuschen oder Häschen (Abb. 24) können aus dieser Grundform entstehen.

Sicherlich fallen Ihnen noch mehr Beispiele ein, die Sie dann mit viel Vergnügen formen und später beispielsweise als Briefbeschwerer oder Tischschmuck verwenden können.

Abb. 24 (oben). Häschen, zusammengesetzt aus Kugel und Ei (Schüler, 10–11 Jahre)

Abb. 25 (unten). Igel, ausgehöhlt und glasiert (Kursteilnehmer)

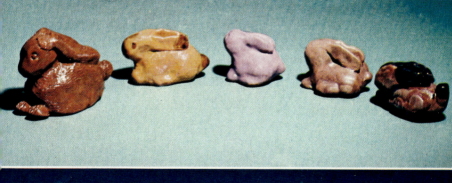

Ein Igel, ausgehöhlt (Abb. 25, Seite 27)
Am Beispiel des Igels lernen Sie nun eine neue Technik kennen: Das *Aushöhlen der Figuren*.
Alle plastischen Arbeiten, die mehr als 4 cm Durchmesser haben, sollten hohl aufgebaut oder ausgehöhlt werden, da sie sonst beim Trocknen und Brennen leicht zerbrechen. – Es ist so enttäuschend, wenn im Ofen Scherben liegen.

Der Igel entsteht so:
Sie formen wieder eine Kugel – sie kann diesmal aber etwas größer sein (Durchmesser ca. 6 bis 8 cm) – und aus dieser Kugel ein Ei (s. Seite 21). Mit Daumen, Zeige- und Mittelfinger ziehen Sie nun das eine Ende des Eies zu einer Igelschnauze aus dem Ton heraus. Dann bringen Sie das Ei auf einer Längsseite zum Stehen, in dem Sie es auf den Tisch drücken (stauchen), bis eine ebene Standfläche entsteht.
Wenn die Figur ganz leicht angetrocknet ist, höhlen Sie sie aus, so daß eine „Schale" mit einer Wanddicke von etwa 1 cm entsteht: Sie ritzen zuerst mit dem Messer oder dem Modellierholz (Abb. 4) auf der Standfläche des Igels im Abstand von dem besagten 1 cm Wanddicke vom Rand entfernt eine Linie ein. Dann beginnen Sie, innerhalb dieser Begrenzungslinie mit einem alten Löffel oder der Drahtschlinge (Abb. 3) zu „graben" und heben aus dem Leib so viel Material aus, bis Sie eine durchgehend gleichmäßige Wandstärke erhalten und die Figur dennoch stabil bleibt. – Die Wände der entstandenen Mulde werden anschließend mit den Fingern geglättet.
Dann können Sie am Rand der Mulde als *Füßchen* vier kleine Tonbällchen anbringen, die zuvor (wie auf Seite 21 beschrieben) geritzt und geschlickert werden müssen. Gut andrücken und dem Körper verstreichen.
Die *Stacheln*, kleine Kegel, formen Sie aus Tonkugeln, die Sie auf dem Tisch ausrollen und dabei mit den Fingern auf einer Seite mehr Druck ausüben. – Willkürlich oder in geordneten Reihen von vorne nach hinten werden sie, auf die gleiche Weise wie die Füßchen, an den gewölbten Igelkörper angesetzt.
Achten Sie darauf, daß der Igel auch tatsächlich „stachelig" aussieht, die spitzen Tonkegel können sich nämlich leicht nach hinten legen oder aber gespreizt vom Körper abstehen. Wenn Sie den Körper des Igels mit viel Ton geformt haben, können Sie die Stacheln auch mit den drei *Modellierfingern* (Daumen, Zeige- und Mittelfinger) kegelförmig aus dem Körper herausziehen: Formen Sie mit ziehenden Bewegungen den Ton, den Sie zwischen den drei befeuchteten Fingern zu fassen kriegen, so lange nach oben, bis kleine Erhebungen, die Stacheln, entstanden sind. – Allerdings werden hier die Stacheln nicht so dicht stehen, wie beim Vorformen und Aufsetzen.
Zum Schluß bekommt der Igel noch zwei *Augen* in Form von kleinen Kugeln links und rechts des Schnäuzchens aufgesetzt, die gut mit dem Kopf verstrichen werden müssen.
Auf die Art und Weise wie der Igel wird auch eine Schildkröte geformt und ausgehöhlt. Kopf und Beine werden vorgeformt und am Körper angesetzt.

Die Panzerplatten, die man ebenso vorformen und aufsetzen kann, können auch mit *Engobe* aufgemalt werden. Engobe ist eine Spezialfarbe für Ton, über die wir gleich mehr hören werden.

Die Engobe- oder Schlickermalerei
Das Bemalen von Tonplastiken kann problematisch sein: Allzu leicht übermalt man Feinheiten, wie typische Attribute und Schmuckteile, die aufgesetzt dekorativer wirken als aufgemalt. Die schlichte Eigenfarbe des Materials nach dem ersten Brand, sei sie nun rot, schwarz oder weiß, unterstreicht die Wirkung einer Tonplastik am schönsten. Hat man z. B. eine grobkörnige, d. h. stark schamottierte Modelliermasse verwendet, entdeckt man nach dem Brennen Vertiefungen, Aufrauhungen und Strukturen, die, je nach Beleuchtung der Figur, reizvolle Licht- und Schattenwirkungen hervorrufen können.

Es gibt aber auch Figuren, die sich für eine Bemalung eignen, wie zum Beispiel die Schildkröte oder auch das Sparschwein, das in einem der folgenden Kapitel (Seite 34ff.) beschrieben wird. Die Engobe- oder Schlickermalerei bietet uns hier sehr reizvolle und vor allem materialgerechte Möglichkeiten der Ausschmückung unserer Keramiken.

Was sind Engoben?
Das Wort „Engobe" kommt aus dem Französischen und bedeutet: „Beguß". Wir können die Brennfarbe von Tongegenständen verändern, indem wir sie mit andersfarbigen, flüssiggemachten, d. h. geschlämmten Tonmassen „begießen". Das „Begießen" oder „Bemalen" muß vor dem ersten Brand auf dem *lederharten* Tonstück (s. Seite 26) vorgenommen werden, da die Schmuckfarbe in den Ton *eingebrannt* wird.
Viele verschiedenfarbige Tonmassen werden in der Natur gewonnen. So kann man weißbrennende Tonstücke mit rotbrennendem Tonschlamm oder rote Tonstücke mit schwarzbrennendem Tonschlamm überziehen.
Diese Technik der Oberflächengestaltung von Gebrauchsgegenständen hat man schon im alten Ägypten gekannt und angewandt.

Wie kommt man zu Engoben?
Andersfarbige Engoben, wie blaue, grüne, gelbe etc., können Sie selbst mischen. Es gibt verschiedene Verfahren. Wenn Sie keine anderweitigen Bezugsquellen haben, bestellen Sie am besten bei einer der Firmen, die auf der Seite 93 angegeben sind, einen Riegel weißen Ton, der, wenn er in einer Plastiktüte luftdicht verschlossen aufbewahrt wird, für viele Engobemischungen reicht. Dazu lassen Sie sich die verschiedenen Farbpulver, die in jedem Prospekt angegeben und in Plastikfläschchen zu je 100 Gramm verpackt sind, schicken. Diese Farbkörper sind aus Metalloxyden gewonnen, und so ergeben z. B. Kobaltoxyd Blau, Kupferoxyd Grün, Manganoxyd Schwarz; Neapelgelb und Graugelb entstehen aus Nickeloxyd. – Ob Sie auch Borax und Fabutit (Pulver) benötigen, Stoffe, die aussehen wie Kochsalz und als Flußmittel zum rascheren Schmelzen der Farboxyde unter die Engobe gemischt werden, entnehmen

Sie am besten den Angaben der einzelnen Firmen. – Farboxyde und Flußmittel sind aber auch in jeder Drogerie erhältlich.
Die weiße Tonmasse als Grundsubstanz für unsere Engoben gibt den Farben eine pastellartige Note. – Sie können aber jederzeit die Engoben auch mit einer rotbrennenden Tonmasse, etwa einem Stück des Materials, das Sie für Ihre Arbeiten verwenden, ansetzen und erhalten dadurch etwas dunklere Farbtöne.

Wie bereitet man Engoben zu?
Geben Sie ungefähr ein Drittel vom Tonriegel in eine Plastikschüssel und weichen es mit Wasser ungefähr einen Tag lang auf (man nennt dies *schlämmen*). Dann rühren Sie den Tonschlamm mit einem elektrischen Handrührgerät so lange durch, bis Sie eine sahnige Masse ohne Klumpen haben. In diesen Brei mengen Sie (so vom Lieferanten der Farben empfohlen) je eine Messerspitze Borax und Fabutit. Nun füllen Sie die Masse in mehrere (je nach Anzahl der Farbpulver) mit Schraubendeckel verschließbare Gläser. In jedes Glas wird dann (durch ein Haarsieb) ein anderes Farbpulver geschüttet und so lange mit der Masse verrührt, bis es sich ganz mit ihr verbunden hat. Zum Umrühren eignet sich gut ein Eierlöffel aus Plastik. – Auf jedes Glas wird zur Kennzeichnung der Farbe ein Schildchen geklebt.
Es gibt aber auch eine einfachere Form, Engoben anzurühren: Sie kaufen die *fertigen* Engoben in Pulverform und rühren sie mit Wasser zu einem dicklichen Brei an. – Tonpulver mit Farboxyden trocken gemischt und mit Wasser angerührt ergeben ebenfalls Engoben.

Wie wird mit Engobe verziert und gefärbt? (s. auch Seite 76ff.)
Die Pinselmalerei (Abb. 32)
Es könnte sein, daß Sie sich fürchten, einen Pinsel in die Hand zu nehmen, weil Sie seit Jahren nicht mehr gemalt haben. – Nun, dann ist es gut, wenn Sie wieder damit beginnen und sich an einer selbstgeformten Figur ein wenig üben. Sie malen doch nicht für eine Jury, sondern für sich selbst. Beginnen Sie also mutig.
Grundsätzlich gilt: Engobe wird immer nur auf den ungebrannten, *lederharten* Tongrund (s. Seite 26) aufgetragen.
Tongegenstand und Tonfarbe sollten gleich schnell oder gleich langsam trocknen und möglichst die gleiche Schwindung haben: Ist z. B. die Figur schon zu trocken oder schwindet sie wesentlich schneller als die Farbe, entsteht zwischen Tonfigur und Farbe eine zu große Spannung, so daß die Farbe später abblättern kann. – Das geschieht oft schon beim Trocknen, u. U. aber auch erst nach dem Brennen.
Zum Bemalen stellen Sie die Figur etwas erhöht vor sich auf den Tisch, z. B. auf einen leeren Schuhkarton. Sie malen mit einem Haarpinsel Nr. 8 oder 10, der, wenn er feucht wird, vorne spitz zulaufend gemacht werden kann. (Sie sollten beim Kauf der Pinsel ruhig etwas mehr Geld ausgeben, denn billige Pinsel verlieren Haare.) Mit einem Stoffläppchen können Sie

Ihren Pinsel stets ausdrücken und sauberhalten. Ein Gefäß mit Wasser zum Auswaschen des Pinsels vervollständigt Ihre Ausrüstung.
Bei der Farbgebung und Bemalung gelten die gleichen Regeln wie bei der Verzierung des Fantasievogels:
- Bringen Sie Muster und Verzierungen nur in sparsamer Form an.
- Wechseln Sie unbemalte Flächen mit bemalten Flächen ab, letztere werden dann immer besser wirken.
- Die Farbe darf nicht Selbstzweck sein, sondern soll die Körperformen lediglich unterstreichen.

Vorsichtshalber können Sie die Engoben immer erst auf einem lederharten Probeplättchen aus Ton mit dem Pinsel „ausprobieren": Malen Sie ein paar hübsche Muster in verschiedenen Farben, es gibt ja so viele Möglichkeiten. – Hübsch sind immer Streifen, in allen Breiten rhythmisch verteilt. – Die gerade Linie, die eigentlich ganz natürlich aus dem Pinsel fließt, läßt sich variieren und als Wellenlinie, als Zickzack-Linie oder als überkreuzte Linie aufmalen. Aus Punkten, Dreiecken oder Rauten können schöne Schmuckbänder zusammengestellt werden.

Auf der lederharten Oberfläche der Figur können Sie auch mit Bleistift vorzeichnen (Korrekturen lassen sich jederzeit mit dem Radiergummi vornehmen), da beim Übermalen mit Farbe die vorgezeichneten Linien verschwinden.

Wie beim Malen mit Wasserfarben tauchen Sie den feuchten Pinsel in die Farbe und setzen mit vollem Pinsel Ihre Verzierung auf die Figur. Sie werden feststellen, daß die Farbe sofort in den Ton einsickert. – Eine Korrektur muß also schnell, entweder mit einem feuchten Schwämmchen oder durch vorsichtiges und flaches Schaben mit dem Messer, vorgenommen werden.

Die Figur kann auch zweimal übermalt werden. – Nimmt sie aber zu viel Flüssigkeit auf, ist es möglich, daß sie zu feucht wird und schon vor dem Brennen auseinanderfällt oder einzelne dünne Teile abfallen. Darauf sollten Sie besonders beim Begießen und Tauchen der Tonstücke achten.

Das Begießen und Tauchen
Diese Techniken erfordern eine etwas flüssigere Farbe. Geben Sie deshalb ein wenig Wasser in die dickliche Engobe, bis sie ungefähr die Konsistenz von Dosenmilch hat.

Begießen: Halten Sie die Figur über einen größeren Behälter (damit die Farbe nicht wegfließen kann) und begießen Sie sie aus einer Plastikschöpfkelle mit der Engobe. Unbedeckt gebliebene Stellen können Sie mit dem Pinsel ausbessern.

Kleine Figuren taucht man einfach in die flüssige Farbe. Auf diese Art und Weise bekommt man einen glatten und gleichmäßigen Farbüberzug, der, vorausgesetzt, er ist angetrocknet, jederzeit mit dem Pinsel übermalt werden kann.

Es gibt noch andere Engobe-Techniken, die sich aber besser zur Verzierung von *Gefäßen* eignen und deshalb erst auf Seite 76 ff. („Gefäße") beschrieben werden.

Nach dem Engobieren
... wird die Tonfigur zunächst einmal zum Trocknen weggestellt. – Dann kommt der erste Brand (s. Seite 50), durch den die Farben noch nicht wesentlich verändert werden: Sie sind dann zwar in den Ton eingebrannt, aber stumpf und matt geblieben.
Das darf Sie nicht enttäuschen, denn die Figur wird nun mit *farbloser Glasur* übergossen und ein zweites Mal gebrannt, wonach die Farben frisch und kräftig glänzen (s. Seite 87f.).
Es gibt zwei verschiedene Arten von farbloser Glasur:
Für engobe-verziertes Tongut eignet sich nur farblose *Glanzglasur* – *matte Glasur* macht die Farben „rauh" und häßlich.

Etwas über das Ornament
In einer schönen Umgebung zu leben und mit geschmückten Dingen umgeben zu sein, ist ein uraltes Bedürfnis der Menschheit. Das bezeugen all die vielen Gegenstände, die im Lauf von Jahrtausenden hergestellt wurden, im Erdreich versanken und, heute wieder ausgegraben, in Museen ausgestellt sind. Deshalb soll hier ein kleiner Abschnitt über das Ornament eingeschoben werden:
Was beim Tanz die Schritte und Figuren sind, die sich in bestimmten Abständen rhythmisch wiederholen und unendlich weitergeführt werden könnten, sind beim Ornament bildhafte (geometrische oder malerische) Formen, die ebenfalls in rhythmischer Folge immer wiederkehren. – In Bandform gebracht, könnte man auch sie unendlich lange fortführen. Hier ein Beispiel (Abb. 26): Zwei Formen geometrischer Art, die Linie und der Kreis, sind zu einem Ornament-

Abb. 26

band zusammengestellt worden. – Als Schmuck für unsere Keramiken, seien es nun Figuren oder Gefäße, werden sich Ornamente aus geometrischen Formen immer besonders gut eignen.

Ein liegendes Tier: Der Löwe (Abb. 27)
Eine der schönsten Freizeitbeschäftigungen ist der Besuch eines Zoos. Dort gibt es viele Tiere zu sehen und zu beobachten: Vögel, Zebras, Giraffen, Affen, Elefanten, Nilpferde und auch Löwen. Bei solch einem Gang durch den Zoo kam mir vor dem Gehege eines Löwenpaares der Gedanke, mit meinen Schülern einen liegenden Löwen zu modellieren. Das Ergebnis sehen Sie auf der rechten Seite.

Wie wird ein liegendes vierbeiniges Tier geformt?
Wir machten uns damals zunächst Gedanken über die Form des *Löwenleibes* in liegender Haltung und einigten uns auf ein langgestrecktes Oval.
Sie formen dieses Oval am besten aus einer größeren Kugel (6 bis 8 cm

Abb. 27. Löwe, rohgebrannt (Schüler, 13–14 Jahre)
Eule, rohgebrannt (Schüler, 10–11 Jahre)

Durchmesser) durch Rollen und Druckverlagerung (wie auf Seite 21 beschrieben). Dann platten Sie es durch leichtes Stauchen auf den Tisch an einer Langseite ab, so daß Sie die Form einen Brotlaibes haben. – Kopf und Hals, letzterer ist bei einem Löwen ausgesprochen kräftig gebaut, werden an einer Schmalseite des „Laibes" angepaßt.

Der *Hals* (Höhe ca. 2,5 cm) hat die Form eines dicken Kegelstumpfes und wird mit seiner größeren Grundfläche an den Körper angesetzt. Hals und Körper werden gut miteinander verstrichen.

Der *Kopf,* ein aus der Kugel (Durchmesser ca. 4 cm) geformtes Ei, wird nun (Spitze nach vorn bzw. unten) mit der Längsseite auf den Hals gesetzt, so daß vorne und hinten ungefähr je ein Drittel über den Hals hinausragen. Die lange schmale Nase, die Augen und das kätzische Maul formen Sie aus dünnen Tonwürstchen: Die *Nase* wird als langes Würstchen senkrecht in die Mitte des Gesichts gesetzt, und am unteren Ende der Nase bringen Sie zwei kleine Kugeln, die Nasenflügel, an. Die *Augen* werden links und rechts der Nase in Form von waagerecht gelegten Würstchen (es können aber durchaus auch Kügelchen sein) aufgesetzt. Das *Maul* bildet ein waagerecht unterhalb der Nase angebrachtes Würstchen.

Nun zur *Mähne,* dem wichtigsten Attribut eines Löwen, mit dem in Wirklichkeit ja nur das Männchen ausgestattet ist. Sie kann auf verschiedene Arten angefertigt werden und verdeckt auf jeden Fall Kopf- und Halsansatz: Entweder Sie formen Kugeln oder Würstchen vor und setzen sie dicht an dicht auf, oder Sie kleben einfach Tonstückchen schichtweise um das Gesicht des Löwen und verstreichen sie gut mit dem Kopf. Die Haare der Mähne lassen sich auch mit dem Modellierholz oder einem spitzen Werkzeug gut in den weichen Ton einritzen. – Geben Sie dem Tier auf jeden Fall eine schöne wilde Mähne!

Abb. 28

Beine in Liegestellung anzubringen ist gar nicht ganz einfach. Für die Schenkel der Hinterbeine formen Sie zwei ovale dicke Tonrollen und bringen diese an beiden Seiten des hinteren Körperteils auf Beckeehöhe so an, daß die unteren („spitzen") Enden nach hinten zeigen (s. Abb. 28). Man sollte die Ansatzstellen zwischen Körper und Beinen gut sehen können. Die Füße mit den verdickten Pranken werden direkt waagerecht an den Körper angesetzt und mit den nach hinten zeigenden Spitzen der Schenkel verbunden.
Zehen und Krallen können in die Pranken eingeritzt werden. Bitte achten Sie darauf, daß die Schenkel, Füße und Pranken auch tatsächlich fest mit dem Körper verbunden sind, damit sie beim Trocknen nicht abfallen. Die Vorderbeine sind etwa 4 cm lang und werden auf die gleiche Weise wie die Füße der Hinterbeine geformt und (parallel verlaufend) unter die Brust des Löwen gesetzt.
Die *Pranken* setzen Sie in der bewährten Weise an.
Eine dickere Tonrolle, ca. 10 cm lang, ergibt in der Verlängerung des Rückgrats angesetzt den *Schwanz*. Formen Sie das Schwanzende als dicke Quaste aus. Biegen Sie dann den ganzen Schwanz um ein Hinterbein und verstreichen Sie die Quaste mit diesem Bein, damit der Schwanz später nicht abbrechen kann.
Der Löwe wird nun, sobald er etwas angetrocknet ist, von unten her mit der Drahtschlinge ausgehöhlt und die entstandene Mulde glatt ausgestrichen.

Ein Tier mit vier standfesten Beinen: Das Sparschwein (Abb. 30)
Sparschweine sind beliebte Geschenke: Sie sehen lustig aus und erfüllen einen angenehmen Zweck.
Beim Formen eines vierbeinigen Tieres wie dem Sparschwein, dem Elefanten (Abb. 29) oder dem Saurier (Abb. 31) sollten Sie beachten, daß die Beine

Abb. 29 (oben). Elefanten, rohgebrannt (Schüler, 14 Jahre)

Abb. 30 (Mitte). Sparschwein (mit Engobe bemalt) und seine Rohform: Zwei ausgehöhlte Schalen (Schülerinnen, 11 Jahre)

Abb. 31 (unten). Saurier, rohgebrannt (Schüler, 14 Jahre)

den Körper *stützen* müssen und somit nicht zu dünn geformt werden dürfen. Es versteht sich von selbst, daß der *Körper* des Sparschweins nicht zu klein werden darf, da er doch möglichst viel Geld aufnehmen soll. Sie formen also zuerst eine mehr als faustgroße Kugel und daraus ein Ei.

Die *Beine* sind kurz, dick und kegelförmig. Sie werden (in der gleichen Technik wie z. B. die Stacheln des Igels, Seite 28) aus vier gleichmäßig großen Kugeln auf dem Tisch ausgerollt und mit den Grundflächen am Körper angesetzt.

Die *Schnauze* wird ebenfalls wie ein Kegel-Bein vorgeformt und mit der Grundfläche am Körper befestigt.

Das *Kringelschwänzchen* entsteht aus einem Tonwürstchen und wird sorgfältig mit dem Körper verstrichen. (Es darf nicht frei abstehen, da die Gefahr des Abbrechens sonst zu groß ist.)

Die typischen großen, lappigen *Schweineohren* schneiden Sie als Dreiecke aus einem plattgedrückten Stück Ton (0,5 bis 1 cm stark) aus. Ein Papiermuster wird Ihnen helfen, die Proportionen genau zu treffen: Am besten halten Sie die Papierohren immer wieder an den Kopf des Sparschweins und prüfen die Größe. Etwa einen Finger breit hinter den *Augen* – sie sollten vorher schon als kleine Kugeln rechts und links am Kopf angebracht sein – werden die Ohren dann so am Kopf angesetzt, daß eine Dreiecksspitze zur Schnauze zeigt.

Prüfen Sie zum Schluß noch einmal nach, ob alle Einzelteile gut mit dem Körper des Sparschweins verstrichen sind.

Wie wird das Sparschwein ausgehöhlt?

Um ein Verformen zu vermeiden, sollte die Figur beim Aushöhlen bereits etwas angetrocknet und fest sein.

Schneiden Sie nun mit dem Schneidedraht den Körper des Sparschweins ungefähr in der Mitte (an der „Gürtellinie") durch und höhlen Sie die entstandene Vorder- und Rückenhälfte mit der Drahtschlinge aus, so daß Schalen mit 0,5 bis 1 cm Wandstärke entstehen (s. Abb. 30). Anschließend werden die Schalen innen glattgestrichen und an den aufgerauhten Rändern mit Schlicker wieder fest zusammengesetzt. Über die Nahtstelle wird Ton gestrichen, notfalls in Form eines dünnen Würstchens. Nach dem Glattstreichen sollte keine Nahtstelle mehr zu sehen sein.

Es ist übrigens auch bei allen anderen Vierbeinern ratsam, die Figur *vollständig* zu formen, bevor sie ausgehöhlt wird.

Wie entstehen nun aber die beiden wichtigen Körperöffnungen, der Einwurfschlitz für die Münzen und das Türchen für die Entleerung?

Mit einem spitzen Messer schneiden Sie vorsichtig einen genügend langen und breiten Schlitz – auch Fünfmarkstücke sollten hindurchpassen – in den Rücken Ihres Sparschweins. Die Ränder des Schlitzes werden glatt verstrichen.

Damit das Schwein zum Entleeren nicht zertrümmert werden muß, bekommt es an der Unterseite, also am Bauch, ein rundes Loch, das Sie ebenfalls mit dem Messer vorsichtig herausschneiden können. Nach dem Brennen kann diese Öffnung mit einem Flaschenkorken verschlossen werden. – Beachten Sie aber beim Ausschneiden, daß der Ton beim Trocknen und Brennen *schwindet* (wobei auch Löcher kleiner werden!) und die Öffnung somit etwas größer als der Verschlußkorken ausgeschnitten werden muß.

Sie können die Öffnung am Sparschwein auch mit einem Schloß versehen, das im Eisenwarengeschäft (komplett mit Schlüssel) erhältlich ist: Schneiden Sie das Loch dann dementsprechend zu (den Schwund beim Brennen einkalkulieren) und kleben Sie (z. B. mit Pattex) das Schloß nach dem Brennen ein. – Der äußere Rand des Schlosses sollte den Öffnungsrand einige Millimeter überdecken.

Wenn das Schweinchen lederhart (s. Seite 26) ist, können Sie es mit Engobe (s. Seite 29 ff.) bemalen. Es eignen sich Streifen, Punkte, Kreise, Linien und Ornamente aller Art.

Elefant und Saurier werden nach dem gleichen Grundschema wie das Schweinchen angefertigt.
Der Elefant kann auch einfarbig engobiert oder glasiert werden. Aufgemaltes buntes Zaumzeug oder ein Sattel geben ihm ein orientalisches Aussehen. Das Beispiel auf Seite 35 blieb unglasiert.

Der Saurier auf Seite 35 wurde *absichtlich* nicht farbig gestaltet, denn die natürliche Farbe des nur einmal gebrannten Tones bringt seine klaren runden Formen am besten zur Geltung. Alle *geschlossenen Hohlformen* (das Sparschwein zählt nicht dazu, es hat ja Öffnungen) werden (mit einem Hölzchen oder Bleistift) mit einem Loch versehen, durch das die beim Brennen sich ausweitende Luft entweichen kann und ein Platzen der Form verhindert wird.

Die Spiralwulsttechnik – Tierfigur aus Tonrollen (Abb. 34, Seite 41)
Der Fantasievogel ist eine massive Figur, der Igel und der Löwe wurden von unten her ausgehöhlt, und das Sparschwein wurde geteilt, seine beiden Hälften ausgehöhlt und wieder zusammengesetzt. – Das „Würstchentier" auf Seite 41 entstand in einer neuen Technik: Es wurde aus lauter Tonrollen so „zusammengewickelt", daß es innen hohl blieb.

Wie eine Tonrolle aus der Kugel geformt wird, haben Sie beim Zusammenbauen des Fantasievogels (Seite 19 ff.) gelernt. Sicher erinnern Sie sich: Die Kugel wird auf zwei Seiten zusammengedrückt und auf dem Tisch mit dem Handteller so lange ausgerollt, bis die dadurch entstehende Rolle die richtige Stärke hat. – Es ist möglich, daß dabei die Enden der Tonrolle Risse bekommen, in die Luft eingeschlossen wird. Dies könnte die Figuren beim Brennen zerbrechen lassen und muß deshalb vermieden werden: Drücken Sie beim Rollen von Zeit zu Zeit die Enden mit den Fingern fest zusammen.

Entstehung
Sie beginnen am besten mit dem Formen der *Beine,* indem Sie vier Tonrollen (je ca. 10 cm) wie Schneckenhäuser spiralförmig aufwickeln. Die so entstandenen Hohlkegel müssen innen gut verstrichen werden. Damit Sie auch alle

Stellen erreichen, verwenden Sie dazu am besten ein Modellierholz. – Auf der Außenseite bleiben die Tonrollen sichtbar stehen.
Den *Körper* des Tieres formen (bzw. wickeln) Sie in derselben Art und Weise. Er verjüngt sich an Schwanzende und Brust und hat in der Mitte einen Durchmesser von ca. 6 oder 7 cm. Um beim Verstreichen der Innenseite keine Schwierigkeiten zu bekommen, bauen Sie den Körper am besten aus zwei ungefähr gleich gewickelten Hälften (Vorder- und Hinterteil) zusammen. Ist jeder der beiden Teile gut und haltbar verstrichen, setzen Sie sie mit Schlicker fest zusammen und verstreichen die Nahtstelle gut.
Körper und Beine werden nun zusammengesetzt und mit Hilfe des Modellierholzes durch Verstreichen fest verbunden. Am Unterbauch des Tieres bringen Sie am besten gleich eine kleine Öffnung an, damit die Figur beim Brennen nicht zerbricht.
Den langen zum Kopf hin konisch zulaufenden *Hals* können Sie ebenfalls aus zwei gewickelten Teilen zusammensetzen. Den *Kopf* selbst bildet ein massives Ton-Ei, an das die *Ohren,* zwei kleine Tonrollen oder -kugeln, fest angesetzt werden. Durch Verstreichen verbinden Sie Hals und Kopf sorgfältig miteinander.
Der kleine *Reiter* ist massiv gebaut: Eine dicke Tonwalze (ca. 5 cm lang und 2,5 cm im Durchmesser) ergibt den Körper, auf den ein kugelförmiger Kopf aufgesetzt wird. – Der Körper mit dem Kopf wird dann auf dem Rücken des Tieres befestigt. Arme und Beine, in Form von dünneren Walzen, werden am Körper des Reiters *und* am Körper des Tieres fest verstrichen. Zum Schluß bekommt der Reiter Hände und Füße aus kleinen vorgeformten Kugeln. Der Schal ist eine kleine spielerische Beigabe.
Die glatten Oberflächen von Tierkopf und Reiter bilden einen guten Kontrast zur gewickelten Struktur des Tierkörpers.
Sie können Fische, Katzen, Kamele, Giraffen und Fantasietiere aller Arten und Größen in dieser Spiralwulsttechnik zusammensetzen.

Die ausgehöhlte Kugel

Mittlerweile haben Sie u. a. gelernt, massive Figuren aus Kugel und Ei zu bauen und zu formen und diese dann auch auszuhöhlen. Wir wollen nun einmal versuchen, eine *Hohlkugel zu bauen*: Zuerst formen Sie eine Kugel mit ca. 8 cm Durchmesser, schneiden sie mit dem Tonschneider in der Mitte auseinander und höhlen die beiden Hälften mit der Drahtschlinge aus, so daß Schalen mit einer Wandstärke von 0,5 bis 1 cm entstehen. Beide Schalen werden an den aufgerauhten und beschlickerten Schnittkanten fest zusammengedrückt und über ihrer Nahtstelle ganz glatt verstrichen. – Wenn Sie vor dem Verschließen noch einige kleine, massiv geformte Tonkugeln einlegen, haben Sie bereits nach dem ersten Brand eine hübsche *Rassel* – mit Engobe bemalt oder glasiert als schönes Geschenk zu verwenden.
Aus geschlossener Hohlkugel und halbierter Hohlkugel lassen sich viele Figuren gestalten. Zwei Beispiele sollen hier beschrieben werden: Der sitzende Frosch und die kleine Dame mit dem Reifrock.

Der Frosch (Abb. 32)

Abb. 32. Frösche, mit Engobe bemalt (Arbeiten aus Schule und Kurs)

Nehmen Sie für den sitzenden Frosch als Ausgangsform die ausgehöhlte, geschlossene Kugel (Durchmesser ca. 8 cm). Sie ist zugleich *Kopf* und *Körper* unseres Frosches.
Setzen Sie nun die Kugel zunächst einmal mit sanftem Druck auf den Tisch, damit sie unten leicht flachgedrückt wird und eine gute Standfläche bekommt.
Dann schneiden Sie das breite *Maul* des Frosches aus der unten abgeplatteten Kugel heraus (s. Abb. 33):
Ziehen Sie in der Höhe des Mittelpunktes (parallel zur Standfläche) einen Kreis um die Kugel, und ritzen Sie auf einer Seite der Kugel, wir nennen Sie jetzt einmal die Vorderseite, eine langgezogene Ellipse, deren waagerechte Mittellinie (große Halbachse), mit dem Kreis auf der Kugel zusammenfällt. Die kleine Halbachse der Ellipse, die Öffnung des Mauls, sollte ca. 4 cm weit sein. Die Ellipse wird nun herausgeschnitten, und die Schnittkanten werden glattgestrichen.
Etwa ein bis zwei fingerbreit oberhalb dieser Öffnung setzen Sie rechts und links je ein *Froschauge* in Form einer Kugel (die Größe bleibt Ihnen überlassen) an.

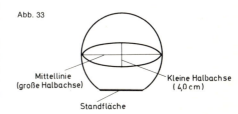

Abb. 33

Wie werden Beine und Füße geformt und angesetzt?
Die Hinterbeine, die aus drei Gliedern bestehen, sind länger als die Vorderbeine oder Arme, die nur zweigegliedert sind.

Am besten formen Sie die Hinterbeine aus je drei gleich dicken kurzen Tonwülsten und setzen sie abgewinkelt zu beiden Seiten der Kugel so an den Froschkörper an, daß sie diesen stützen: Das obere Glied des Hinterbeines führt zunächst von hinten nach vorne zur Bauchseite des Frosches, das Mittelglied in der Gegenrichtung zurück und das untere Beinglied wieder nach vorne zur Bauchseite. Die breiten Füße werden als Dreiecke vorgeformt und mit einer Spitze an die Beinenden angesetzt. Der Frosch hat fünf Zehen, die Sie als kleine Kugeln auf das Dreieck, d. h. auf seine Breitseite, aufsetzen können. Alles sollte wieder gut verstrichen werden.

Die Vorderbeine haben je zwei Glieder, die Sie ebenfalls aus je zwei gleichen Tonwülsten vorformen und dann links und rechts in Höhe des Mauls so an den Körper des Frosches ansetzen, daß sie den Boden berühren. Dann werden die bereits beschriebenen Froschfüße an die Vorderbeine angesetzt. Verstreichen nicht vergessen!

Wenn am Körper für das vordere Beinpaar kein Platz ist, setzen Sie die Vorderfüße einfach am unteren Rand des Froschbauches (ein wenig zusammengedrängt) an.

Der *lederharte* Frosch läßt sich sehr hübsch mit Engobe bemalen oder glasieren, z. B. außen grün und innen gelb.

Der große Frosch auf Seite 39 (Mitte) wurde aus der geschlossenen Kugel aufgebaut. Er bekam einen Kopf aus einer kleinen massiven Kugel aufgesetzt. Augen und Gliedmaßen wurden in der gleichen Art und Weise geformt und angesetzt wie bei dem vorausgehend beschriebenen Frosch. Aus Sicherheitsgründen wurde bei dem großen Frosch eine Öffnung in die Standfläche gegraben.

Und nun erfinden Sie selbst noch viele andere Kugelfiguren ...

Die kleine Hofdame (Abb. 35)
Eine ausgehöhlte Halbkugel (Durchmesser ca. 7 cm), die mit der Öffnung nach unten auf dem Tisch steht, ergibt den *Reifrock* der kleinen Dame, der uns das Formen von Beinen erspart. - Der Rand der Halbkugel bildet die Standfläche.

Oberkörper und *Hals* setzen Sie in Form einer langen und einer kürzeren Walze auf den Reifrock. Den *Kopf* setzen Sie als Kugel auf den schlanken Hals, die *Frisur* können Sie aus Tonwürstchen oder Tonkügelchen aufsetzen. Es lassen sich die schönsten Perücken aus der Zeit Ludwigs XIV. nachahmen.

Abb. 34 (oben links). Tierfigur aus Tonrollen (Spiralwulsttechnik)

Abb. 35 (oben rechts). Kleine Hofdame, entstanden aus der ausgehöhlten Halbkugel, rohgebrannt

Abb. 36 (unten). Figurengruppe, entstanden aus Kugel und Walze, Mattglasur steingrau

Die *Arme* formen Sie als Tonrollen, die Hände ganz vereinfacht als kleine Kugeln. – Hübsch sind kleine Puffärmel, die Sie in Form von kleinen Kugeln rechts und links des Oberkörpers anbringen. –
Die Hofdame kann die Arme nach unten hängen lassen oder aber einen Blumenstrauß in den Händen halten. Ein Täschchen oder Korb am Arm passen genauso gut zu ihr. Sie können ihren Rock mit Blumen, mit Punkten, mit Streifen oder mit Schleifen schmücken.
Es gibt noch manche Möglichkeit, aus der Halbkugel Figuren zu modellieren; ich denke da z. B. an eine Marktfrau mit einem Henkelkorb am Arm.

Über die menschliche Figur
Sie haben nun schon viel Übung und manche Erfahrung im Umgang mit Ton gesammelt, so daß Ihnen das Formen menschlicher Figuren leichtfallen wird. Dazu kommt, daß Sie mit der kleinen Hofdame schon solch eine Figur modelliert haben. Das war sozusagen ein Vorgriff auf den neuen Abschnitt dieses Werkbuches. Wenn wir also jetzt wieder anfangen, mit einfachen Grundformen aufzubauen, soll das kein Rückschritt, sondern der Anfang einer neuen Figurenreihe sein. Es schien mir wichtig, die kleine Hofdame sofort im Anschluß an die Froschfigur zu beschreiben, da beide aus derselben Grundform gebildet werden.

Die allereinfachsten menschlichen Figuren werden also wieder aus den Grundformen wie Kugel, Ei und Walze zusammengesetzt.
Sie formen den *Rumpf* als kegelförmige Walze, *Arme, Hals* und *Beine* als dünne Tonrollen und den *Kopf* als Kugel oder Ei. *Haare* und *Gesicht* (Augen, Nase und Mund) können in Form von kleinen Kugeln oder Würstchen jeweils aufgesetzt und müssen gut mit dem Körper verstrichen werden.
Auf Seite 41 (Abb. 36) ist eine kleine Menschengruppe abgebildet, die aus diesen einfachen Grundformen zusammengesetzt wurde. Auf Haare und jegliche andere Ausschmückung wurde hier bewußt verzichtet, um die einfachen Formen als solche wirken zu lassen. Die gute Standfläche der kegelförmigen Körper ersetzte Beine und Füße. – Wenn Sie mehrere Figuren zu einer Gruppe zusammensetzen wollen, sollten Sie die einzelnen Körper möglichst an jeweils zwei Stellen fest miteinander verbinden. Am besten nehmen Sie dazu wieder das Modellierholz und verstreichen damit die Verbindungsstellen einerseits an der Standfläche und zum anderen am Körper. Vor dem Zusammenfügen können Sie die einzelnen Figuren hin- und herschieben, bis sie eine Gruppe bilden, die Ihnen gefällt. – Auf Seite 41 stehen die Figuren „wie die Orgelpfeifen", aufgereiht für ein Familienfoto: die kleineren vorne im Bild, die größeren hinten. Die Gruppe wurde nach dem ersten Brand (s. Seite 50) mit einer steingrauen Glasur übergossen, die nach dem zweiten Brand die rote Tonfarbe etwas durchscheinen ließ und durch ungleichmäßiges Auftragen zarte blaue Flecken bekam. Die unaufdringliche Farbe der Glasur unterstreicht die einfachen Formen der Gruppe und gibt ihr einen steinartigen Charakter.

Das Modellieren aus einem Tonstück
(Es ist ratsam, bei dieser Technik mit kleinen Figuren anzufangen.)

Die sitzende Figur
Eine sitzende menschliche Figur aus Ton zu formen, erfordert eine gewisse Vorstellung von der Proportion der Gliedmaßen zu Körper und Kopf und von der Haltung eines sitzenden Körpers. – So müssen Sie z. B. bedenken, daß Arme und Beine in den Gelenken abgewinkelt werden.
Bevor Sie eine sitzende Figur (egal welche Sitzhaltung) modellieren, sollten Sie immer am „lebenden Modell" genaue Beobachtungen der Größenverhältnisse (z. B. Länge des Oberarmes, des Oberschenkels etc.), der Abwinkelungen der Gelenke und der Haltung machen und mit ein paar Strichen entsprechende Bleistiftskizzen anfertigen.

Beim *Flötenspieler* (Abb. 37, Seite 44) wurde auf alles schmückende Beiwerk verzichtet. Er sitzt in fast meditierender Haltung auf der Erde und neigt den Kopf, ganz versunken seinem eigenen Flötenspiel lauschend. Seine Schöpferin, eine Schülerin, modellierte ihn aus *einem* Stück Ton heraus:
Nehmen Sie einen Klumpen Ton und formen Sie die Figur zuerst in ihren *groben* Umrissen, so daß die sitzende Haltung mit Kopf, Armen und Beinen bereits in den Ansätzen zum Ausdruck kommt. – Diese „grobe" Figur hat eine breite Standfläche und verjüngt sich pyramidenartig nach oben zum zur Brust geneigten Kopf hin.
Und nun beginnen Sie, am besten beim Kopf, mit dem Herausarbeiten der *Einzelteile:* Mit der Drahtschlinge, dem Modellierstäbchen oder einem Messer nehmen Sie die Tonmasse *Schicht um Schicht* von der Vorderseite der Figur ab, so daß der runde Kopf, der Hals mit den Schultern, die Arme und die Hände, die die Flöte halten, und die übereinandergekreuzten Beine entstehen. Alle Einzelteile werden auf diese Art und Weise herausmodelliert, und es ist wichtig, sie nicht zu dünn und nicht zu differenziert zu gestalten, da sie sonst beim Trocknen abbrechen können. – Die *Flöte* können Sie auch vorformen und nachträglich zwischen die Hände setzen. Sie wird dann am Mund mit dem Kopf fest verstrichen.
Die *Rückenpartie* wird so modelliert, daß sie sich der Vorderseite der Figur anpaßt, bleibt aber glatt und relativ unbearbeitet.
Nachdem die Modellierarbeit abgeschlossen ist, streichen Sie die Figur glatt und höhlen sie, wenn sie (im Durchschnitt) einen größeren Durchmesser als 4 cm hat, von unten her mit der Drahtschlinge aus.

Die kleine *Figur mit Hut*, die mit erhobenem Gesicht auf dem Boden sitzt, als wolle sie dem Spiel der Flöte lauschen, ist teils aus einem Stück modelliert, teils aus verschiedenen Teilen zusammengesetzt.
Der *Körper* wird als Kugel geformt, aus der die abgewinkelten *Beine* mit den Füßen herausmodelliert werden: Man zieht am besten mit den drei Modellierfingern (s. Seite 28) den Ton aus der Kugel heraus und formt

Abb. 37 (oben links). Figuren, aus einem Stück geformt und rohgebrannt (Kursteilnehmer)
Abb. 38 (oben rechts). Leuchterengel, rohgebrannt (Kursteilnehmer)
Abb. 39 (unten). Krippefiguren, unglasiert (Kursteilnehmer)

damit die Beine, in den Knien abgewinkelt, wie man sie haben will. – Das kurze Jäckchen kann man genauso aus der Kugel des Körpers herausformen oder aber aus weichem Ton aufsetzen.
Kopf, Arme und Hände werden vorgeformt und am Körper angesetzt und gut verstrichen. Für den *Kopf* nehmen wir eine Kugel, aus der der kleine Hut herausmodelliert werden kann, für die *Arme* Walzen und für die *Hände* kleine Kugeln.
Größere menschliche Figuren sollten hohl aufgebaut werden.
Wir formen sie, vor allem jene in stehender Haltung, aus Tonplatten, die auf dem Tisch ausgerollt werden.

Figuren aus Tonplatten

Wie entstehen Tonplatten?
Es gibt *drei* Wege, zu Tonplatten zu kommen:
1) (S. dazu Abb. 5 und 6.) Zwischen zwei Vierkantstäben (Höhe: 0,6 cm) rollen Sie mit dem Rund- oder Nudelholz ein etwas mehr als faustgroßes Tonstück aus, bis es platt ist und eine Stärke von ca. 0,6 cm hat. Um eine durchgehend gleichmäßige Stärke zu bekommen, legen Sie, sobald das Tonstück genügend platt ist, das Rundholz *auf* die Vierkantstäbe und führen es in rollender Bewegung über Stäbe *und* Ton. – Es ist gut, wenn Sie die Platte auf einer Unterlage ausrollen (s. Seite 12 ff.), da der Ton auf der Tischplatte festkleben kann. Sollte die Tonplatte auch auf der Unterlage festsitzen, ziehen Sie den Tonschneider („Schneidedraht", s. Seite 11 f. und Abb. 1) straff gespannt zwischen Tonplatte und Unterlage durch und nehmen Sie dann die Tonplatte von der Unterlage ab. Die zurückbleibende dünne Tonschicht kann leicht mit dem Teigschaber oder einem Messer entfernt werden.
Wenn Sie nun beim Ausrollen keine gleichmäßige Stärke erreicht haben, führen Sie mit beiden Händen den Schneidedraht unmittelbar über die Vierkanthölzer und schneiden so die überhöhten Stellen der Platte ab.
Dann *begradigen* Sie die Ränder der Platte, indem Sie ein Vierkantholz als Lineal verwenden, dieses an allen vier Seiten der Platte zur Begrenzung anlegen und mit dem Messer den überstehenden Ton abschneiden.

Weiterverarbeitung zur Herstellung von Figuren
Schneiden Sie aus der rechteckigen Platte ein bis zwei gleich große (gleichschenklige oder gleichseitige) Dreiecke aus und trennen Sie von jedem eine Spitze ab, so daß Trapeze (s. Abb. 6, links unten, und Abb. 40) entstehen.
Rollen Sie dann die Trapeze zu einem *Kegel* auf, drücken die seitlichen

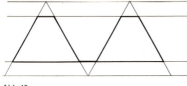

Abb. 40

Schnittkanten (angeritzt und mit Schlicker bestrichen) zusammen und verstreichen die Nahtstelle innen und außen so gut, daß nichts mehr von ihr zu sehen ist.

2) Sie formen aus einem größeren Stück Ton durch Klopfen auf den Tisch einen backsteinförmigen Block, einen Quader. Legen Sie ihn dann auf eine lange Schmalseite und schneiden Sie mit dem Schneidedraht in *Längsrichtung* waagerecht 0,5 bis 1 cm dicke Scheiben ab. – Diese Plattenherstellung ist sehr viel schneller und einfacher als die erstgenannte.

Die *Weiterverarbeitung* zur Herstellung von Figuren erfolgt wie bei Beispiel 1.

3) Sie rollen das Tonstück wie einen Kuchenboden (d. h. nach allen Seiten) aus. *Weiterverarbeitung:* Wenn die Platte ca. 0,5 bis 1 cm dick ist, setzen Sie eine runde Schüssel (mit der Öffnung nach unten, Durchmesser ca. 15 cm) darauf und schneiden an deren Rand entlang eine Scheibe aus dem Ton heraus. Im Mittelpunkt der Scheibe wird ein Loch mit ca. 2 cm Durchmesser ausgeschnitten.

Teilen Sie dann die Scheibe wie einen Kuchen in drei bis vier „Stücke" auf, die Sie in der in Beispiel 1 beschriebenen Weise zusammenrollen und verbinden können.

Mit Hilfe dieser Plattentechnik, die zum Hohlkegel führt, können Sie größere menschliche Figuren aufbauen und ersparen sich dabei den umständlichen Vorgang des Aufschneidens und Aushöhlens, der auf Seite 38 beschrieben wurde: Ein kugelförmiger Kopf, eventuell mit kurzem Hals, auf dem Kegel angesetzt, ergeben schon eine ganz einfache Figur. Die Standfläche des Kegels ersetzt die Beine.

Leuchterengel und Krippefiguren

Jede dieser Figuren mit ihrem schmalen, glockenförmigen *Körper,* der gleichzeitig die Funktion eines Kleides oder Mantels übernimmt, umschließt von der Basis bis zum Hals, auf dem der kugel- oder eiförmige Kopf sitzt, einen Hohlraum.

Die *Leuchterengel* (Abb. 38, Seite 44) tragen vorgeformte Flügel, die fest mit den Körpern verbunden wurden; und die Haare des einen Engels werden als – ebenfalls vorgeformte – kleine Kugeln dargestellt (an deren Stelle Sie natürlich auch Tonwürstchen verwenden können).

Falls Sie Ihren Leuchterengel mit weiteren Einzelheiten verzieren wollen, dürfen Sie nicht vergessen, die Teile *fest* mit dem Körper zu verstreichen. Es ist ärgerlich, wenn schon beim Trocknen alles wieder abfällt.

Ganz besonders viel Spaß wird es Ihnen vielleicht machen, Ihre Familie oder Freunde zu Weihnachten mit selbstgemachten Krippefiguren zu überraschen. Auf Seite 44 (Abb. 39) sind ein paar Beispiele abgebildet:

Maria, sitzend, hält ihr Kind im Arm. – Eine andere Möglichkeit wäre, das Kind in eine aus Ton geformte Krippe zu legen. Soll Maria, wie im Beispiel, einen Schal bekommen, wird dieser als Platte vorgeformt, der Figur über den Kopf gelegt und mit Kopf und Körper fest verbunden. – Es wäre aber durchaus auch denkbar, ihr Haare in Form von Kugeln oder Würstchen zu geben.

Josef und die *Hirten* können eine ähnliche Kleidung und Kopfbedeckung bekommen, etwa einen Hut, einen Umhang mit Kapuze, eine Mütze oder was Ihnen noch dazu einfällt. Vielleicht gibt man ihnen auch einen Schäferstock in die Hand, und der eine oder andere bekommt sogar einen Bart. – Wichtig ist, daß alle Teile gut am Körper verstrichen werden.

Die *drei Weisen aus dem Morgenland* können Sie orientalisch schmücken, indem Sie deren Gewänder mit *Stempeln* aller Art verzieren.

Es gibt zwei Möglichkeiten, zu Stempelabdrucken zu kommen:

1) Indem Sie einzelne Gegenstände wie Nagel- oder Schraubenköpfe, Nagelspitzen, Holzstückchen aller Art, Bleistiftenden, Streichhölzer, Stecknadelköpfe, Bohnen, Schlüsselbärte etc. *selbst* als Stempel verwenden und *direkt* in den zu verzierenden Gegenstand eindrücken.

2) Indem Sie *mit* den genannten Gegenständen zuerst (seitenverkehrte) *Stempel* (Matern) herstellen und *diese* in den zu verzierenden Gegenstand eindrücken:

Schneiden Sie einfach rechteckige oder runde Tonplättchen aus und drücken Sie die einzelnen Gegenstände darin ein. – In *gebranntem* Zustand können diese Stempel immer wieder verwendet werden.

Das Brennen des Tonguts

Nach dem Öffnen des abgekühlten Ofens zeigt sich, ob Sie technisch gut gearbeitet und ob Sie sachgerecht getrocknet haben.

Heute wird meist mit elektrischen Öfen gebrannt.

Normalerweise können Sie in einer Töpferei oder Ziegelei größeres Tongut jederzeit brennen lassen. – Was ist jedoch zu tun, wenn sich keine dieser Brennmöglichkeiten in Ihrer unmittelbaren Nähe befindet und Sie Ihre Werke aber unbedingt brennen möchten?

Vielleicht können Sie sich in diesem Fall mit mehreren „Heimkeramikern" zusammentun und mit ihnen gemeinsam einen größeren Ofen kaufen. Sicher findet sich auch bei einem der Besitzer irgendwo im Haus ein geeigneter Platz mit elektrischem Anschluß. – Sollte diese „Kostenteilung" nicht möglich sein, können Sie auch allein einen der kleinen Typen elektrisch beheizter *Kammeröfen* kaufen. Dabei sollten Sie aber darauf achten, daß er einen ausreichend großen Brennraum hat (glasiertes Tongut benötigt sehr viel Platz, s. Seite 88) und gut isoliert ist, damit der Wärmeverlust nicht zu groß wird. Für Glasurbrände sollte der Ofen wenigstens 1100 °C (1373K[*]) erreichen. Z. B. die auf Seite 93 angegebenen Firmen werden Ihnen jederzeit über Anschaffungskosten und Größe eines Brennofens Auskunft geben. Viele Öfen

---

[*] K = Kelvin (Temperatureinheit, benannt nach ihrem Initiator, Lord Kelvin)
Der absolute Nullpunkt liegt bei 0K = –273,15 °C (rund: –273 °C)

werden heute *vollautomatisch* beheizt und geschaltet, d. h. man stellt bei ihnen mit Hilfe von Schaltern ein Programm mit Endtemperatur und verschiedenen Heizstufen ein, das dann selbsttätig abläuft. Diese Art Ofen ist sehr einfach zu bedienen.

Bei *nichtautomatischen* Öfen kann man die Temperatur mit Hilfe von „*Seger-Kegeln*" (benannt nach ihrem Erfinder Dr. H. Seger) feststellen. Diese Kegel sind ca. 6 cm hoch und oben abgestumpft. Sie sind aus Stoffen mit verschiedenen Schmelztemperaturen hergestellt. Im Fachhandel kann man Kegel mit den verschiedensten Schmelztemperaturen zwischen 600 °C (873 K) und 1980 °C (2253 K) erhalten, die je nach Schmelztemperatur mit entsprechenden Kennzeichen versehen sind. Eine Tabelle mit den Temperaturbereichen der einzelnen Segerkegel bekommen Sie sicherlich mit dem Ofen mitgeliefert. Beispielsweise Kegel Nummer 005a hat eine Schmelztemperatur von 1000 °C (1273 K). Jeder Seger-Kegel hat ein „Schmelzintervall" von grundsätzlich 20 Grad. Das bedeutet, daß der Kegel sich 20 Grad unter der Endtemperatur zu neigen beginnt; hier also bei 980 °C (1253 K).

Bei Erreichen der Endtemperatur neigt sich die Kegelspitze bis zum Grund; so kann jeder Kegel nur einmal benutzt werden. Zur Beobachtung verschiedener Temperaturen beim Brand müssen mehrere Kegel in der richtigen Stufung und Reihenfolge im Ofen aufgestellt werden. Dazu werden die Kegel in ein kleines Stück gut gemagerten Ton gedrückt und so im Ofen aufgestellt, daß man sie durch das Schauloch von außen beobachten kann. Am besten läßt man beim Einbauen des Ofens eine Schneise frei, die bis zur Rückwand des Ofens durchgeht. In dieser Schneise müssen die Kegel so stehen, daß sie sich auch seitwärts neigen können.

Ein kleines *Beispiel* soll die Funktion eines Segerkegels verdeutlichen: Sie möchten eine Endtemperatur von 1000 °C (1273 K) im Ofen erreichen. Der entsprechende Kegel hat die Nummer 005a. Das Schmelzintervall eines Kegels beträgt 20 Grad (s. oben), d. h. bei Neigungsbeginn des Kegels 005a beträgt die Temperatur im Ofen 980 °C (1253 K). Hat die Kegelspitze die Standfläche im Ofen berührt, ist die Endtemperatur von 1000 °C (1273 K) erreicht. Der Ofen muß jetzt abgeschaltet werden.

Was geschieht mit dem Tongut beim Brennen?
Bei Temperaturen zwischen 120 °C (393 K) und 400 °C (673 K) werden zunächst Reste des mechanisch gebundenen Wassers durch intensives und beschleunigtes Trocknen entfernt. *Das darf nicht zu schnell geschehen* (Bruchgefahr!), da durch die Poren des Tongutes jeweils nur begrenzte Mengen Wasser entweichen können. Wenn das Wasser verdampft ist, kann, bis etwa 550 °C (823 K), schneller erhitzt werden.

Ab 600 °C (873 K) entweicht das chemisch gebundene Wasser. Verläuft dieser Brennvorgang zu schnell, kann das Tongut zerbrechen. Ab 1000 °C (1273 K) *sintert* das Tongut, d. h. es wird steinhart und undurchlässig.

Abb. 41. Glasiertes Tongut nach dem Brand

Für jede dieser Temperaturstufen wird jeweils ein Seger-Kegel in den Ofen gestellt, d. h. mit dem Tongut der Temperatur entsprechend (einer hinter dem anderen) eingebaut.

Der Roh- oder Schrühbrand („erster Brand")
Die gut getrocknete Tonware wird nun in den Ofen eingebaut. Dabei können Sie in- und übereinanderschichten, denn im Gegensatz zur glasierten Ware klebt dieses Tongut beim Brennen nicht zusammen. – Man wird also versuchen, möglichst viel Tongut im Brennraum des Ofens unterzubringen, und stellt es in Etagen übereinander (Abb. 41, Seite 49). Zu diesem Zweck gibt es Stützen und Platten aus Schamottestein. Die Stützen sind kleine, fingerhutförmige, hohle Kegel, die übereinandergestellt werden können. Sie tragen die rechteckigen Platten, auf die das Tongut gestellt wird.
Während der ersten 2 Stunden des Brennvorgangs bleibt die Offenklappe geöffnet, damit die entstehenden Dämpfe entweichen können.
Der Schrühbrand dauert, bei einer Endtemperatur von 900 °C (1173 K) 8 bis 9 Stunden. – Nach dem Abschalten muß der Ofen langsam abkühlen. Seine Türe bleibt dabei so lange geschlossen, bis die Temperatur auf ca. 100 °C (ca. 373 K) abgesunken ist. *Zu frühes Öffnen bringt Zugluft, und dabei könnte das gesamte Tongut zerbrechen.*
Der Schrühbrand dauert, bei einer Endtemperatur von 900 °C (1173 K), das rohgebrannte Tongut „*Scherben*". Je nach Tonsorte ist der Scherben nach dem Brand rot, weiß oder schwarzbraun.
Nach dem Glasieren folgt der zweite Brand (Glasurbrand); s. Seite 87f.

Das Relief
Das Relief ist eine *plastisch gestaltete Fläche* und hat im Gegensatz zur *Vollplastik* nur *eine* Hauptansicht. Licht- und Schattenwirkungen sind dabei sehr wichtig.
Es gibt verschiedene Reliefarten: Das *Tief-*, das *Flach-* und das *Hochrelief*. Entscheidend für jede Reliefart ist der Grad, in dem die Figuren aus der Grundfläche herausragen bzw. (bei Tiefreliefs) in sie eingeprägt sind.
Die Herstellungsweise des Reliefs hängt mit dem Material eng zusammen. So wird z. B. beim *Steinrelief* Schicht um Schicht durch Schlagen, Schaben und Schneiden von der Gesamtfläche abgetragen. – Natürlich könnte man das Tonrelief auf die gleiche Art und Weise herstellen. Jedoch diese Art der Bearbeitung erfordert eine große Erfahrung, um zu gelingen, und wir wollen deshalb lieber mit der einfacheren Arbeitsweise anfangen.
Zunächst rollen Sie mit dem Rund- oder Nudelholz eine 1,5 bis 2 cm dicke Tonplatte als *Reliefgrund* aus (s. auch Seite 45f.). Die Ränder werden glattgestrichen, die Ecken eventuell abgerundet. Schiefe Ränder sind nicht schlimm, das weiche Material verlangt keine exakten Begrenzungen. Als Aufhängevorrichtung können Sie mit Hilfe eines Rundholzes am oberen Rand der Platte in jeder Ecke ein Loch anbringen.
Eine Möglichkeit, ein Relief zu gestalten, ist das Eindrücken von Formen

in die weiche Tonoberfläche. Dazu benützen wir die Finger oder alle nur denkbaren anderen Hilfswerkzeuge. Als Motive eignen sich Tiere und Pflanzen aller Art besonders gut. – Wir können aber auch einzelne Bildmotive *vorformen* und *auf* die Tonplatte modellieren, so z. B. ...

Spielende Kinder (Abb. 42, Seite 52)
Auf die vorbereitete Tonplatte werden die Figuren in ihren vorgeformten Einzelteilen aufgesetzt.
Formen Sie die *Köpfe* der Kinder aus Kugeln, die *Körper* aus dicken Walzen, *Arme* und *Beine* aus dünneren Walzen, *Haare* und *Kleiderschmuck* aus dünnen Würstchen oder auch Kugeln.
Die Anordnung dieser Einzelteile auf der Fläche können Sie durch loses Auflegen und Schieben so lange ausprobieren, bis Ihnen das Bild gefällt.
Dann drücken Sie die Figurenteile auf der Rückseite leicht platt, ritzen sie mit dem Messer an, bestreichen sie mit Schlicker, drücken sie auf die Platte auf und verstreichen sie gut mit ihr. Am besten benutzen Sie dazu das Modellierholz. – Die Ansatzstellen der Figuren sollten aber zu sehen sein, damit sich die Formen klar vom Untergrund abheben.
Der geschrühte Tonscherben wirkt am besten durch seine unbemalte und unglasierte Oberfläche. – Farbschichten verwischen allzu leicht Vertiefungen des Materials und beeinträchtigen somit Licht- und Schattenwirkungen.

Der Oldtimer (Abb. 43, Seite 52)
Der Oldtimer dagegen eignet sich, mit seiner relativ geringen Plastizität und den geraden und klaren Umrissen gut für eine farbige Gestaltung.
Es ist ratsam, den Oldtimer auf Papier vorzuzeichnen, auszuschneiden und ihn erst mit Hilfe dieser Schablone aus einer dünnen Tonplatte auszuschneiden. – Versuchen Sie nie, räumliche Wirkungen zu erzielen. Bleiben Sie flächig, indem Sie den Oldtimer einfach nur in der Seitenansicht zeigen.
Die Grundplatte wird etwa 2 cm, die Modellierplatte etwa 1 cm dick ausgerollt. Legen Sie das Papiermuster, aus dem Sie vorher alle Aussparungen wie Fenster, Radspeichen, Türen etc. herausgeschnitten haben, auf die Modellierplatte, und ritzen Sie mit dem Messer am Außenrand und an allen Innenlinien des Musters entlang Umrißlinien in den Ton. Dann schneiden Sie das Auto vollends mit allen Aussparungen aus, rauhen es auf der Rückseite an, bestreichen es dann mit Schlicker, drücken es auf die *Grundplatte* und verstreichen Oldtimer und Grundplatte gut miteinander. – Würstchen, Kugeln und andere Einzelteile können jederzeit gesondert aufgesetzt werden.
Dann bemalen Sie den Oldtimer im *lederharten* Zustand mit Engobe – er kann ganz bunt gestaltet werden – und übergießen das Relief *nach* dem Schrühbrand mit farbloser Glanzglasur. – Die Grundplatte bleibt naturfarben und bildet so einen reizvollen Kontrast zu dem farbigen Bild.
Wenn Sie das Relief farbig etwas leuchtender haben wollen, bemalen Sie es *nach* dem *ersten* Brand „kalt" mit Plakatfarbe. – Zaponlack gibt ihm außerdem den nötigen Glanz und den Farben die größere Griffbeständigkeit.

Das Wandbild und die Kachel
Wird der Oldtimer aus einer etwas dickeren Platte ausgeschnitten, kann er auch *ohne* Grundplatte als Bild an der Wand hängen. Motive für Wandbilder oder Kacheln dieser Art gibt es viele: Fische, Vögel, Elefanten oder menschliche Figuren bunt bemalt, glasiert oder lackiert sind für jedes Kinderzimmer ein lustiger und schöner Wandschmuck. Am besten fertigen Sie immer erst ein Papiermuster an, das erleichtert Ihnen das Ausschneiden des Bildes aus der Tonplatte. Achten Sie dabei auf *einfache, großzügige* Formen mit *klaren* Umrißlinien. Der Reiz dieser Kacheln liegt in der lustigen und bunten Bemalung.
Eine Tischplatte aus viereckigen Tonkacheln, die mit Gips in einen Holzrahmen eingegossen werden, wäre sicher eine große, aber lohnende Arbeit.

Die Maske (Abb. 44)
Das Verbindungsglied von Wandbild und Relief zum modellierten halbplastischen und vollplastischen menschlichen Kopf ist die Maske mit aufgesetzten bzw. ausgeschnittenen Gesichtsteilen.
Masken werden vor das Gesicht gehalten oder gebunden oder über den Kopf gestülpt. Der Träger der Maske wird dadurch anonym und schlüpft in eine ganz andere Persönlichkeit hinein. – In primitiven Kulturen dienen Masken kultischen Zwecken: Die Träger verwandeln sich vorübergehend in Dämonen und Götter, um andere Götter freundlich und gnädig zu stimmen. Oft ist der Schöpfer einer solchen Maske zugleich Priester, Medizinmann und Lehrer und soll den Menschen durch seine Werke zur Erfüllung ihrer Wünsche verhelfen.
Beim Formen von Masken aus Ton, deren Gesichtsteil reliefartig aus einer Grundplatte hervorspringt, müssen Sie sich nicht die naturgetreue Wiedergabe eines menschlichen Gesichtes als Ziel setzen. – Eine Maske übertreibt, sie kann furchterregend und häßlich, aber auch freundlich und schön aussehen. Betrachtet man z. B. afrikanische Masken, so wirken die Formen bestechend einfach und abstrakt: Manche Masken sind ganz flächig gestaltet, so daß sich das Gesicht kaum von der Fläche abhebt, andere haben weit aus der Fläche herausragende Gesichtsteile. Ganz typisch für die afrikanischen Masken sind die weitgeöffneten Augen mit den überhängenden Lidern und die wulstigen Lippen.
Wir wollen nun auch eine Maske formen: Drücken Sie ein etwa faustgroßes Stück Ton auf dem Tisch platt und formen Sie daraus eine ovale, runde oder eckige *Grundplatte* für Ihre Maske. Diese Grundplatte kann zur Mitte hin leicht gewölbt sein.
Quer über die Platte ziehen Sie nun mit einem spitzen Werkzeug zwei parallele,

Abb. 42 (oben). Relief mit aufgesetzten Figuren „Spielende Kinder"
Abb. 43 (unten links). „Oldtimer" aufgesetzt auf eine Grundplatte, mit Engobe bemalt (Schüler, 13–14 Jahre)
Abb. 44 (unten rechts). Maske, mit Engobe bemalt (Schülerin, 16 Jahre)

leicht nach unten durchhängende Linien, die die Fläche in drei, etwa gleich große Abschnitte unterteilen: Kinn-/Mundpartie (bis zur Nase), Nasen-/Augen- und Stirnpartie. In diese Abschnitte setzen Sie nun die vorgeformten Gesichtsteile wie *Stirn, Augen, Nase* mit Nasenflügeln (kleine Kugeln), *Mund, Wangen* und *Kinn* ein, indem Sie sie anritzen, schlickern, aufdrücken und mit der Grundplatte verstreichen. – Augen, Nasenlöcher und Mund können Sie auch *ganz* aus der Maske herausschneiden, so daß Öffnungen entstehen, ähnlich wie bei den griechischen Theatermasken. *Haupt-* und *Barthaare* setzen Sie aus Würstchen oder kleinen Kugeln auf. Zusätzlich *Ohren* und *Hörner* machen eine Maske reizvoller.

In *leicht angetrocknetem* Zustand kann die Maske von hinten ausgehöhlt und innen glattgestrichen werden. – Als Aufhängevorrichtung lassen Sie auf der Rückseite einen schmalen Tonrand über der Aushöhlung stehen oder Sie drücken ca. 1 bis 1,5 cm unterhalb des oberen Maskenrandes ein Loch in den Ton.

Die Maske kann nun mit Engobe bemalt werden. Als Schmuck bieten sich Linien- und Flächenmuster an. Eine Bemalung sollte aber immer einzelne Gesichtspartien *unterstreichen* oder gar – wie hier bei einer Maske – *übertrieben hervorheben*. Denken Sie beispielsweise an die Kriegsbemalung der Indianer. Nach dem ersten Brand wird die Maske glasiert.

Und nun kommen wir langsam zu einem etwas schwierigeren Kapitel ...

Eine modellierte Halbplastik: Der Kinderkopf (Abb. 45)

Am besten fangen Sie mit einem Kinderkopf an, der sich von einem flachen Hintergrund aus Ton abhebt.

Wenn Sie das Köpfchen Ihres eigenen oder eines befreundeten Kindes zum Vorbild nehmen, können Sie es immer wieder beobachten und das geformte Bild mit ihm vergleichen. Ein *ständiger* Vergleich mit dem Modell erleichtert das Formen, da man Merkmale und Besonderheiten eines Gesichtes über dem Modellieren allzu leicht vergißt.

Zuerst formen Sie einen Klumpen Ton, der ungefähr die Größe des fertigen Köpfchens ohne Hinterkopf haben sollte, zu einer ovalen, schalenartig gewölbten und nicht zu dünnen Grundplatte (ca. 1,5 bis 2 cm dick).

Die Dreiteilung der Gesichtsfläche wie bei der Maske ist uns auch hier eine große Hilfe, wobei diesmal aber zu bedenken ist, daß die kindliche Stirn fast den halben Kopf einnimmt, während das Untergesicht kleiner und zusammengedrängter erscheint.

Das Gesicht entsteht nun größtenteils *nicht* aus vorgeformten Einzelteilen, sondern durch *behutsames Auftragen* von *Tonschichten*: Beginnen Sie mit der Wölbung der *Stirn*, indem Sie die weiche Tonmasse Schicht um Schicht auftragen, gut verstreichen, mit den Fingern oder dem Modellierholz abrunden und immer wieder Breite und Höhe gegenüber dem lebenden Modell überprüfen. – Sie können jederzeit ansetzen oder wegnehmen (mit Tonschlinge, Messer und Modellierholz). – Dann formen Sie von der Stirn aus die *Nase*, die bei einem kleineren Kind noch nicht so stark ausgeprägt ist: Sie ist kurz,

Abb. 45 (links). Kinderköpfchen, modellierte Halbplastik, rohgebrannt
Abb. 46 (rechts). Halbplastik, von hinten ausgehöhlt

rundlich und stumpf und hat breite Nasenflügel, die auch richtig heraus- oder aufmodelliert werden müssen. Zu beiden Seiten der Nase tragen Sie, wiederum in Schichtarbeit, die runden *Bäckchen* auf und verstreichen alles gut mit dem Kopf. Die *Augenhöhlen* werden zwischen Stirne und Bäckchen vorsichtig in den Kopf gedrückt. Die *Augenbrauen,* vom unteren Teil der Stirne in die Linien des Nasenrückens übergehend und bei kleinen Kindern nur als zarte Wülste sichtbar, sowie die *Augenlider* setzen Sie aus dünnen Tonwürstchen auf und verstreichen sie gut. (Die oberen Lider sind stärker ausgeprägt als die unteren.) Ob Sie *Augäpfel* in die Augenhöhlen einsetzen wollen, ist Ihre Entscheidung. Am besten prüfen Sie selbst, was das Gesicht lebendiger erscheinen läßt. Augäpfel sollten vorgeformt und in die Augenhöhlen eingesetzt und darin verstrichen werden. – *Iris* und *Pupille* können durch leichtes Einritzen angedeutet werden.

Der Kinderkopf nimmt Gestalt an. Setzen Sie nun *Mund- und Kinnpartie* am unteren Teil des Gesichtes auf: Beim Kleinkind geht die Unterlippe sichtbar zurück, und das Kinn ist weich und rund geformt.

Es genügt, wenn Sie unter dem Kinn einen kurzen Hals andeuten, der in der Grundplatte ausläuft. Notfalls müssen Sie ihn Schicht um Schicht auftragen.

Das Modellieren der *Haare* geschieht zum Schluß: Kurze, kräftige und drehende Druckbewegungen mit den Fingern im weichen Ton ergeben einen wuscheligen, lockigen Haarschopf. – Mit einem spitzen Werkzeug aufgerauhte Ritzspuren und -strukturen können auch sehr reizvoll sein. – Vielleicht fallen Ihnen selbst dazu noch andere Modellier-Möglichkeiten ein.

Abb. 47. Vollplastischer Kinderkopf

Sicher werden Sie diese Arbeit dann und wann unterbrechen, allein schon, um zu vergleichen und zu prüfen. Bei längeren Pausen wird es dann notwendig, das Werkstück mit einem feuchten Tuch und einer Plastiktüte *luftdicht* abzudecken, damit Sie danach reibungslos an ihm weiterarbeiten können.

Zuallerletzt höhlen Sie das Köpfchen genau wie die Maske von hinten her aus (Abb. 46, Seite 55). Der obere Rand der Mulde wird etwas vorgezogen und dient so als Aufhängevorrichtung. – Es empfiehlt sich, das *angetrocknete* Tonstück zum Aushöhlen mit dem Gesicht nach unten auf weiches, zerknülltes Papier oder auf einige Lappen zu legen, um ein Eindrücken des Gesichts zu vermeiden.

Dieses halbplastische Köpfchen wird unbemalt und unglasiert am schönsten wirken. Die Farbe des gebrannten Tones gibt ihm einen warmen und lebendigen Ausdruck. – Eine stark schamottierte Tonmasse verleiht der Oberfläche des Gesichts eine zusätzliche Plastizität, die durch nachträgliches Aufrauhen mit Schmirgelpapier verstärkt werden kann. Bereits auch das *knochenharte* Werkstück kann auf diese Art und Weise bearbeitet werden.

Nun sind Sie schon ganz mutig geworden und können sich an das Modellieren eines *vollplastischen* Kopfes wagen.

Ein vollplastischer Kinderkopf (Abb. 47)

Der nicht ganz lebensgroße Kinderkopf wird Schicht um Schicht um einen Papierkern herum aufgebaut.

Es ist wichtig, daß der Kopf *hohl gebrannt* wird, da er in massiver Bauweise im Ofen reißen würde. Sicher, man kann den Kopf auch massiv aufbauen, antrocknen lassen und dann aushöhlen. Aber das ist nicht ganz einfach, da das Gesicht beim Aushöhlen leicht eingedrückt und zerstört werden kann. Wenden wir uns also lieber dem *Hohlaufbau* zu:

Knüllen Sie Zeitungspapier zu einem dicken Ball (mehr als faustgroß) zusammen. Wenn Sie dabei das Zeitungspapier etwas anfeuchten und mit Papierstreifen umwickeln, hält es besser in Form.

Über diesen Kern streichen Sie nun mehrere Schichten Tonmasse, so daß ein sogenannter „*Rohling*" entsteht. An den unteren Teil des Rohlings werden der *Hals* in Form einer dicken Walze und die *Schulterpartie* in Form eines quadratischen Blockes, der zugleich die Standfläche der Büste bildet, massiv angesetzt. Alles muß gut miteinander verstrichen werden. – Wenn Sie den Rohling etwas erhöht vor sich auf den Tisch stellen, haben Sie es viel bequemer beim Modellieren. Aber: Es besteht Gefahr, daß sich das Gesicht zu stark nach oben richtet, wenn der Kopf etwas zu hoch steht. – Steht der Rohling aber zu tief, hat man zu wenig Kontrolle. Am besten findet man einen Mittelweg.

Und nun formen Sie das Gesicht in derselben Reihenfolge wie beim reliefartigen Kinderköpfchen (s. Seite 54f.): Die stark ausgeprägte *Stirnwölbung*, die *Nase*, die *Bäckchen*, die *Augen*, *Augenbrauen* und *Augenlider*, die *Kinn- und Mundpartie* werden wieder in Schichten auf den Rohling *aufmodelliert*. Das Modellierholz ist dabei eine ganz große Hilfe, da die feinen Partien nicht mit den Fingern geformt werden können.

Achten Sie beim Modellieren der Kinnpartie darauf, daß die *Kieferlinie*, die vom Kinn zu den Ohren führt, leicht sichtbar wird und eine zarte Trennungslinie zwischen Gesicht und Hals bildet. Am Ende der Kieferlinie können Ohrläppchen sichtbar werden. – Der Hals läuft übergangslos in die Schulterpartie über.

Den *Hinterkopf* tragen Sie auch schichtweise auf. Die *Haare* werden dann zum Schluß (wie auf Seite 55 beschrieben) eingedrückt, eingeritzt, aufgestrichen oder mit selbsterfundenen Strukturen versehen.

Und nun kann der Kopf, wenn er schon leicht angetrocknet ist, von unten her (schützende Unterlage, s. Seite 56, nicht vergessen!) mit einem alten Löffel geöffnet werden: Graben Sie einfach so tief in den Kopf hinein, bis Sie zu dem Papierkern vorgedrungen sind. Mit Pinzette, Löffel, Schere oder Modellierholz wird das Zeitungspapier, das ganz feucht geworden ist, aus dem Kopf herausgezogen. – Es ist nicht schlimm, wenn kleinere Papierreste zurückbleiben, sie verglühen im Ofen. Der Kopf hat nun einen genügend großen Hohlraum.

Wenn Sie zwei der unteren Kanten der Standfläche leicht einwölben (s. Abb. 47), verliert der ganze Kopf etwas von seiner Schwere.

Die Größe des Kopfes erfordert eine *Trockenzeit* von 3 bis 4 Wochen. Sie können auch hier die Oberfläche des Gesichts mit Schmirgelpapier aufrauhen oder ihr durch ein besonderes Verfahren einen weichen, stumpfen Glanz geben (s. Seite 76: Das Wachsen). Wenn Sie anschließend noch mit einem Lappen darübergehen, können Sie den Glanz verstärken.

Sie sind nun in das Schaffen mit Ton hineingewachsen und haben schon viele schöne Figuren, Kacheln und Wandplatten geformt. –

Nun aber wollen wir die nächste Hürde nehmen, damit Sie Ihr Heim auch mit *Töpfen*, *Vasen* und *Krügen* aus eigener Herstellung schmücken und bereichern können.

Gefäße

Kleine Geschichte der Gefäß-Töpferei
Archäologische Ausgrabungen längst vergangener Städte und ihrer Nekropolen haben neben wichtigen Erkenntnissen über Siedlungsformen und Lebensweise untergegangener Völker auch viel Wissenswertes über den handwerklichen und künstlerischen Entwicklungsstand dieser Menschen gebracht. Es sei an dieser Stelle an Heinrich Schliemann erinnert, der im 19. Jahrhundert Ausgrabungen in Troja, Mykenä und Tiryns unternommen und geleitet hatte. So sind uns heute hochentwickelte Herstellungs-, Bemalungs- und Brenntechniken auf dem Gebiet der Keramik bekannt, die schon im Altertum in der ganzen Welt verbreitet waren. Es lohnt sich daher, den typischen Merkmalen der verschiedenen Völker bei der Herstellung von Keramiken nachzuspüren. Die ersten Anfänge der Gefäßtöpferei sind uns aus vorgeschichtlicher Zeit bekannt. So fand man in Brasilien Jahrtausende alte hölzerne Kochgeschirre, die mit einem Mantel aus Ton umgeben waren. Möglicherweise wurde die getrocknete Tonschicht vom Holzkern gelöst und als ungebranntes Gefäß verwendet. – Vielleicht fiel ein solches Gefäß zufällig einmal ins offene Feuer und lag dann unversehrt und steinhart gebrannt in der heißen Asche, und der Anfang des Brennens von Keramiken war gemacht.
In einer indianischen Töpferwerkstätte fand man Gefäße aus Binsen- und Weidengeflecht, deren Fugen mit Ton verdichtet waren. – Löste sich im Trockenprozeß die Tonschicht vom Geflecht, hatte man ein Tongefäß in der Form der Außenschale, das sogar die Abdrücke des Geflechts als Schmuck aufwies. – So sind wohl die Anfänge des *Gefäßschmuckes* zunächst zufällig entstanden. Erst später wurden beabsichtigte Ornamente, wie etwa einfache Zickzack- oder Wellenlinien oder Bänder aus geometrischen Formen, auf Naturbeobachtungen beruhend, in naiver Weise in die Gefäßwand eingeritzt.
Die ersten Werkzeuge, das weiche und bildsame Tonmaterial zu bearbeiten, waren die Hände. Dabei bedienten sich die Menschen schon damals derselben Techniken, die auch wir heute beim Aufbau unserer Gefäße noch anwenden. Dann aber erfanden sie ein Werkzeug, mit dessen Hilfe eine schnellere und größere Produktion von Tonwaren, vor allem von Gebrauchsgeschirr, möglich wurde: Die *Töpferscheibe*. – Es ist anzunehmen, daß dieses Gerät zuerst in Kleinasien und Ägypten verwendet wurde. Bildliche Darstellungen auf griechischen Gefäßen zeigen Arbeiten an der Töpferscheibe.
Aus der Möglichkeit, Gefäße mechanisch drehen und durch Brennen dauerhaft machen zu können, entstand im alten Ägypten und in Kleinasien eine ausgedehnte *Töpferindustrie,* die in weiten Teilen der Welt Absatzmärkte fand. Gleichzeitig mit der Ware wurden auch neue Bearbeitungs- und Herstellungstechniken in der ganzen Welt verbreitet.

Auch das *Brennen* von Keramiken wurde im Laufe der Jahrtausende besser und vollkommener: Zunächst brannte man die Tonware wohl in einem Holzkohlenfeuer, wobei sie ganz von der glühenden Holzkohle zugedeckt war. Da es dabei aber geschehen konnte, daß glasierte Gefäße auf der Unterlage festschmolzen, erfand man *Öfen* die ein freies Stehen der Tonware möglich machten. Dabei wurde das Tongut vom Feuer nicht unmittelbar berührt, da der Brennraum von der Feuerstelle abgetrennt worden war. Auf korinthischen Tontäfelchen sind uns Darstellungen eines antiken Töpferofens mit Bedienungsanleitung überliefert: Der Ofen ist ein kleiner, kuppelförmiger Bau, der zwei übereinanderliegende Räume hat, die durch einen Zwischenboden voneinander getrennt sind. Im oberen Brennraum wurden die getrockneten Gefäße gestapelt. Der Zwischenboden lag auf einem Mittelpfeiler und war durchlöchert. Durch diese Öffnungen zirkulierten Flammen, Luft und Verbrennungsgase. Der untere Raum war der Feuerungsraum oder die „Hölle" und wurde von außen durch einen Feuerungskanal beheizt. Das Feuer mußte während des Brandes laufend mit Reisig gespeist werden. Der Brennraum hatte oben in der Kuppel ein Abzugsloch für den Rauch und seitlich eine Türe, durch die das Brenngut in den Ofen gestellt werden konnte. Diese Türe wurde für die Dauer des Brandes bis auf ein Guckloch zugemauert. Durch diese kleine Öffnung konnte der Töpfer den Brand laufend beobachten: An der Glutfarbe des Brenngutes las er die jeweilige Temperatur, die im Ofen herrschte, ab. Er konnte durch die gleiche Öffnung auch *Brennproben* entnehmen und den Härtezustand des Brenngutes feststellen.

Die Assyrer und Babylonier stellten neben ihren Gefäßen auch künstlerisch hochentwickelte *Ziegelware* her: In Assyrien fand man sowohl „Lehmsteine", die nur in der Sonne getrocknet waren, als auch gebrannte und glasierte Ziegel. – Die Mauern Babylons waren aus Ziegelsteinen gebaut und mit großen Bauplastiken aus Ziegelsteinen geschmückt. So fand man in den Ruinen Babylons Ziegelsteinbrocken, die Bestandteile großer Löwenfiguren waren.

In Ägypten gab es neben der üblichen Gebrauchskeramik auch die *glasierte Keramik,* die man „ägyptisches Porzellan" oder auch „glasierte Fayence" nannte. Das Grundmaterial dieser sogenannten „Keramiken" soll zum größten Teil Sand, wenige Teile Ton und etwas Kalk und Magnesia enthalten haben. Das weiche und poröse Material dieser Gefäße erhielt seine *Festigkeit* durch schöne farbige Glasuren. Diese Glasuren oder „Emaillen" bestanden aus Alkalisilikaten und Kalk und hatten vielfach eine herrliche blaue Farbe. Neue Färbungen wurden durch Beigabe von Kupfer-, Chrom-, Kobalt- und Manganoxyden zur Glassubstanz erzielt (Kupfer = grün, Chrom = gelb, Kobalt = blau und Mangan = schwarz). Die so gefärbten Glasuren wurden im Ofen auf den Scherben gebrannt. Von Ägypten wurde dieses mit glasartigen Überzügen versehene Tongut ins antike Griechenland und zu den Römern gebracht.

Die griechische Keramik gehört mit ihrer Bemalung zu den höchst entwickelten und hochwertigsten künstlerischen Ausdrucksformen der Antike. Die griechischen Gefäße wurden auf der *Töpferscheibe* gedreht, die im Mittelmeerraum seit etwa 2000 v. Chr. bekannt war. Die Technik des Drehens hat sich seit den Ursprüngen der Scheibe sicher nicht wesentlich geändert: Der Töpfer *zentriert* zunächst einen Tonklumpen, d. h. er bringt ihn bei rotierender Scheibe mit den Händen genau in die Mitte der Scheibe. Dann zieht er das Gefäß zwischen den Fingern hoch. Kleine Gefäße wurden in *einem Arbeitsgang* gedreht, während größere Gefäße aus mehreren *Einzelteilen zusammengesetzt* werden mußten. – Nach einer kurzen Trocken- und Festigungszeit setzte man das Gefäß mit der Öffnung nach unten in die Mitte der Scheibe und befestigte es mit kleinen feuchten Tonklümpchen. Dann konnte man mit scharfen Werkzeugen die exakte Form und das „richtige Profil" herausarbeiten. Die Oberfläche wurde mit einem feuchten Tuch oder einem Schwamm geglättet. Danach konnten vorgeformte Henkel oder Griffe angesetzt werden. Zum Polieren des halbtrockenen Gefäßes nahm man einen Spachtel aus Holz oder Bein oder einen Achatkiesel. Um nach dem Brand eine kräftigere Rotfärbung zu erzielen, überzog man die Gefäßwand oft noch mit einer dünnen Schicht aus feinem Tonschlicker.

Man weiß heute, daß die Maler der *rotfigurigen* Technik ihre Schmuckbilder mit einem dünnen Stift (Kohle) auf der Vasenwand *vorzeichneten*. Diese skizzenhaften Linien verschwanden in der Regel beim Brand, doch an manchen Funden lassen sich noch ganz feine eingeritzte Spuren erkennen. Danach wurden die Bilder mit Pinsel und Malschlicker auf die Gefäßwand aufgetragen. Wenn dem Malschlicker Eisen und Kalium beigemischt wurde, erhielt man nach dem Brand eine glänzende schwarze Farbe, wie wir sie von den *schwarzfigurigen attischen* Vasen kennen.

Die römische Keramik war zunächst von der griechischen Keramik beeinflußt, aber nach und nach bildeten sich römische Eigenarten heraus. Dazu gehört vor allem die *reliefverzierte* und mit Siegeln (Fabrikantenzeichen) geprägte Tonware, die man deshalb „terra sigillata" (lat. sigillum = Siegel) nennt. Eine wichtige Erfindung der Römer waren die *Muffelöfen* (Muffel = Schmelztiegel), deren Brennräume mit Röhren durchzogen waren, durch die die heiße Luft und alle Gase geleitet werden konnten. Auf diese Art und Weise kam die Tonware nicht mit dem Feuer in Berührung.

Die Germanen erlernten unter römischer Herrschaft das Töpferhandwerk. Nach anfänglich primitiver Keramikherstellung übernahmen sie von ihnen das Schlämmen und Aufbereiten des Tonmaterials, den Brennofen und die Töpferscheibe. – Sie *räucherten* die terra sigillata im Ofen, wobei sie *keine* Luft zuführten: Der freiwerdende *Kohlenstoff* überzog die Tonware mit einer schwarzen glänzenden Farbe. Diese dunkel gefärbte Tonware wurde unter der Herrschaft Kaiser Augustus' als „terra nigra" in aller Welt gehandelt.

Und nun sollen Sie nach diesem Streifzug durch die Geschichte der Gefäßkeramik Ihre eigenen Krüge, Töpfe, Vasen, Kannen, Tassen und Teller töpfern. Die wichtigsten Werkzeuge und Geräte sind Ihnen ja bereits bekannt (s. Seite 11 ff.).

Abb. 48 (links). Kleine Tischleuchter aus der massiven Tonkugel mit Prägeverzierung

Abb. 49 (rechts). Handschälchen, aus der Kugel gezogen und mit Engobe bemalt

Beginnen wir wieder mit der einfachsten Form, die quasi die Grundstufe zu einem „echten" Gefäß ist:

Die massive Tonkugel
Grundsätzlich gilt: Der Durchmesser einer Tonkugel sollte nicht mehr als 8 cm betragen, da ein Tonstück nur bis zu einer *maximalen* Tiefe von 4 cm ohne Risse trocknen kann.

Tischleuchter (Abb. 48)
Kleine Tischleuchter aus der massiven Tonkugel sind schnell geformt und als Tischschmuck beliebt und vielseitig zu verwenden.
Formen Sie zunächst aus einem Stück Ton durch Stauchen und Rollen zwischen Ihren Handflächen eine Kugel mit glatter Oberfläche und einem Durchmesser von etwa 4 cm.
Kugelförmiger Leuchter: Die *Standfläche* des Leuchters entsteht durch leichtes Stauchen (Stoßen) der Kugel auf den Tisch, während in den oberen (gewölbten) Teil der Kugel einfach eine Kerze gedrückt wird. – *Würfelförmiger Leuchter:* Stauchen Sie die Kugel in der Weise und so lange auf den Tisch, bis ein gleichmäßig geformter Würfel entsteht. – *Schalenförmiger Leuchter:* „Brechen" Sie mit dem Daumen die Kugel auf und streichen Sie die entstandene Kuhle für die Kerze mit den Fingern aus.
Wenn Sie die Kugel mit den Handflächen ausrollen, erhalten Sie die *längliche Walzenform,* die Sie wiederum beliebig variieren können.

Mit Hilfe von allen möglichen Werkzeugen können Sie kleine *Prägeverzierungen* in den weichen Ton drücken. Als Stempel oder Prägestock eignen sich viele Gegenstände, die im Haushalt zu finden sind: Sicherheitsnadeln, Stecknadelköpfe, Stricknadeln, eine Nagelfeilenspitze, Schrauben- und Nagelköpfe, ein Schlüsselbart, Perlen etc. – Ränder, Halsansätze oder Wandverdickungen eignen sich am besten für ornamentalen Schmuck, der aber erst im Wechsel mit glatten, unverzierten Flächen richtig zur Wirkung kommt.

Das Handschälchen, aus der massiven Kugel gezogen (Abb. 49, Seite 61)
Die massive Tonkugel ist auch die Grundform für unser Handschälchen, das – so sagt der Name – in der hohlen Hand geformt wird. Es ist so vielseitig verwendbar, daß wir schon deshalb nicht darauf verzichten sollten. Das Formen und „*Ziehen*" dieses ersten echten Gefäßes erfordert ein klein wenig Übung, die wir aber ganz schnell bekommen können.
Sollten Sie die Arbeit einmal unterbrechen, schützen Sie Ihr Werkstück während dieser Zeit am besten mit einem feuchten Tuch oder einer Plastiktüte vor dem Austrocknen.
Drei grundlegende Arbeitsgänge sind notwendig, um aus der massiven Tonkugel eine „hohlplastische" Form zu ziehen.
1) *Das Aufbrechen der Kugel:*
Zuerst drücken Sie den Daumen einer Hand in die Tonkugel und lassen diese gleichzeitig in der anderen, hohlen Hand gegenläufig zur Daumenbewegung kreisen.
2) *Die Anlage des Bodens:*
Ist die Vertiefung etwas breiter geworden, drucken Sie mit dem Daumen die Tonmasse vorsichtig zum Gefäßboden breit und ziehen dann, ebenfalls mit dem Daumen, den überschüssigen Ton zum Rand hin nach oben. Dabei wird das Gefäß immer in der hohlen Hand gedreht. – Der Boden sollte ungefähr so dick sein wie die Gefäßwand.
3) *Das Ziehen der Gefäßwand:*
Durch Ziehen und Streichen mit den Fingern, wobei der Daumen die Innenwand und Zeige- und Mittelfinger die Außenwand bearbeiten, wird die Gefäßwand geformt. – Ist die Wand nicht einheitlich hoch ausgefallen, kann das Schälchen mit dem Rand nach unten ein paarmal auf die Tischfläche gestaucht werden, bis eine gleichmäßige Höhe erreicht ist.
Beim Hochziehen der Schalenwand reißt oft der obere Rand durch die Ausdehnung der Tonmasse. Das ist nicht schlimm, da zum Schluß ohnehin die ganze Schalenwand glatt verstrichen werden muß. – Benützen Sie bitte zum Glätten *kein Wasser*. Der schmierige Film, der durch Wasser entsteht, füllt die Risse nicht aus, sondern bedeckt sie nur *oberflächlich:* Spätestens beim Trocknen erscheinen die Risse wieder an der Oberfläche.

Mit Hilfe dieser Ziehtechnik können nun verschiedene Gefäße (Abb. 49 und 50) geformt werden. Ausschlaggebend für die jeweilige Gefäßform ist die Haltung der *Drehhand*.

a) *Das Handschälchen*
Halten Sie die Kugel in der *hohlen Hand* (z. B. wie einen Ball), das ergibt beim Ziehen die leicht ausladende Form.

b) *Der Becher*
Die Kugel wird in der *leicht geöffneten Faust* gehalten, so als ob Sie ein Glas zum Munde führen wollten. Dadurch entsteht beim Ziehen des Tons nach oben eine schmale hohe Becherform.

c) *Die flache Schale*
Hier halten Sie die Kugel während des Formens in der *flachen geöffneten Hand*. Dadurch kann die flache, weite Schale mit niedrigem Rand entstehen. Ein leichtes Stauchen mit den Händen gibt dem Schälchen eine *ovale* Form.

d) *Schale mit Fuß*
Wenn Sie den unteren Teil der Kugel in der *zum „O" gekrümmten* Hand halten, wie beispielsweise einen Besenstiel o. ä., bekommt die Schale dadurch einen Fuß, während sie sich nach oben erweitert.

e) *Der Dreifuß*
Die Becherform wirkt optisch leichter, wenn sie sich durch Füßchen von der Unterlage abhebt. – Diese konisch nach unten zulaufenden Füße werden aus dem äußeren Tonboden des Bechers zwischen Daumen, Zeige- und Mittelfinger *herausgezogen* und vorsichtig glattgestrichen. Sie können das Gefäß so lange mit der Öffnung nach unten auf den Tisch stellen, bis die Füßchen durch das Abtrocknen etwas stabiler geworden sind. Bei größeren Gefäßen werden die Füße *vorgeformt* und angesetzt: Dazu formen Sie aus drei gleich großen Tonkugeln durch Ausrollen drei kurze Walzen, die an einem Ende mit dem Messer angeritzt werden wie auch die Ansatzstellen am Gefäß. Die anschließend beschlickerten Stellen werden fest zusammengedrückt und dann so gut verstrichen, daß keine sichtbaren Nahtstellen zurückbleiben. Notfalls kann zusätzlich um die Ansatzstelle ein dünnes Tonwürstchen gelegt werden, das ebenfalls gut mit Fuß und Gefäß verstrichen werden muß.

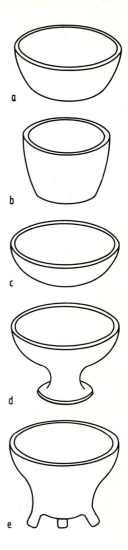

Abb. 50

Glocken (Abb. 51, Seite 66)
Eine Glocke besteht aus zwei Teilen: Klangkörper und Klöppel, wobei von der Stärke des Klangkörpers und von der Aufhängung des Klöppels Ton und Klang abhängen.
Der *Klangkörper* wird aus der massiven Tonkugel becherförmig gezogen (s. Seite 62) und ergibt, mit der Öffnung nach unten auf den Tisch gestellt, die Grundform für unsere Glocke. – Je dünner Sie die Wand formen, desto schöner klingt die Glocke.
Der *Haltegriff* am spitz zulaufenden Ende des Glockenmantels kann aus der Tonmasse selbst *herausgezogen* werden: Zwischen Daumen, Zeige- und Mittelfinger, die vorher stark befeuchtet wurden, zieht man den weichen Ton zu einem ca. 7 mm dicken *Dorn* nach oben. – Ein *schlaufenartiger* Haltegriff dagegen wird *vorgeformt* und auf die Glockenkappe aufgesetzt. Es gibt noch andere Griffformen; die Kugel, die Spirale etc. – Sicher können Sie noch weitere Möglichkeiten finden. Wichtig ist auf jeden Fall, daß Sie den Griff stabil formen und gut an der Glocke befestigen, da er relativ hohen Belastungen ausgesetzt sein wird.
Der *Klöppel* besteht aus einer massiven Tonkugel, die Sie mit einer Stricknadel durchbohren. Nach dem Brand führen Sie einen Perlonfaden durch das „Bohrloch" und knoten ihn an der Kugel fest. – Es gibt nun zwei Möglichkeiten, den Perlonfaden mit Klöppel in der Glocke zu befestigen:
1) Im Inneren des Glockenmantels wird an der Spitze eine *Schlaufe,* bestehend aus einem dünnen Tonwulst, befestigt. Nach dem Brand verknoten Sie das freie Ende des Klöppelfadens so in dieser Schlaufe, daß der Klöppel frei schwingend gegen den Glockenmantel fallen kann.
2) Eine kleine *Öffnung* an der Glockenkappe (=Spitze) angebracht, ersetzt die Tonschlaufe für den Klöppel: Der Klöppelfaden wird durch die Öffnung nach außen gezogen und unter dem Griff so fest verknotet, daß er nicht durchrutschen kann.

Die ausgehöhlte Kugel:
Teeservice für Junggesell(inn)en (Abb. 52, Seite 66)
Wichtig für ein Teeset ist immer die Größe der Teekanne. Wer es liebt, etwa bei der Arbeit am Schreibtisch, immer wieder ein Schälchen frischen Tee zu trinken, manchmal aber auch eine ganze Teegesellschaft bei sich zu haben, der töpfere zwei Kannen verschiedener Größe. Die eine Kanne ausreichend für eine bis zwei, die andere für sechs bis acht Schalen Tee.
Das blaue Teeset auf unserem Foto ist für einen Einpersonenhaushalt gedacht. Kanne und Schalen sind aus der ausgehöhlten Tonkugel entstanden.

Die Teekanne
Für die Teekanne nehmen wir die geschlossene Hohlkugel als Grundform (Anfertigung s. Seite 38).
Einfüllöffnung und Ansatzloch für die *Tülle* (Ausgußrohr) werden mit dem Messer aus der Kugel herausgeschnitten. Es ist ratsam, beide Öffnungen mit ei-

ner Nagelspitze oder einer Stricknadel im weichen Ton vorzuzeichnen. – Achten Sie darauf, daß die Tülle am *unteren* Teil der oberen Kannenhälfte angebracht wird. Die Flüssigkeit muß gut und sicher ausgegossen werden können.
Tülle: Die Öffnung für die Tülle wird leicht *oval* in die Kannenwand geschnitten, dann kann man die Tülle so anbringen, daß sie organisch aus der Kannenwölbung herauszuwachsen scheint. – Nun werden dünne Tonwülste *spiralartig* über die Öffnung gelegt, so daß die Tülle *schräg* (im Winkel von etwa 20°) nach oben ansteigt. Die Flüssigkeit darf nicht schon beim Einfüllen aus der Tülle fließen. Die Länge der Tülle richtet sich nach Form und Größe der Kanne. Das obere Ende der Tülle muß *waagerecht* abgeschnitten werden, und die Würstchen werden von oben nach unten glatt verstrichen. Innen verstreichen Sie die Wülste mit einem Modellierholz, so gut es geht. Die *Einfüllöffnung* umlegen Sie mit einem Tonwulst und verstreichen ihn fest mit der Kanne. – Als *Deckel* dient eine *massive* Tonkugel mit einem länglichen *Fortsatz,* der in die Einfüllöffnung hineinragt: Rollen Sie die Tonkugel an einer Stelle mit verstärktem Druck, bis ein kleiner „Auswuchs" entsteht, den Sie dann an der Spitze leicht flachdrücken. Dieser Fortsatz (Stöpsel) sollte fest im Kannenhals sitzen und ca. 1,5 cm tief in die Kanne hineinragen, damit er später beim Einschenken nicht herausfallen kann. Für die Dauer des Trockenprozesses bleibt der Deckel in der Einfüllöffnung, damit beide, Kanne und Verschluß, gleich schnell schwinden können. – Sollte der Deckel jedoch zu groß geraten sein, können Sie ihn immer noch – er sollte dazu aber *ganz* getrocknet sein – mit Schmirgelpapier mittlerer Körnung passend zurechtschmirgeln.
Der Deckel bekommt eine glasierte Oberseite und eine unglasierte untere Hälfte (=Fortsatz). – Damit vermeiden wir, daß er nach dem Glasurbrand plötzlich nicht mehr paßt.

Der Henkel
Henkel werden als Tonwülste in entsprechender Stärke *vorgeformt* und am Gefäß *angesetzt*. Dabei ist folgendes zu beachten:
Beim Biegen bekommt der Tonwulst manchmal feine Risse. – Nehmen Sie deshalb möglichst *weichen* Ton zum Formen, und lassen Sie den fertig gebogenen Henkel einige Zeit *an der Luft* trocknen. Er wird dadurch etwas stabiler. Dann werden beide Enden des Henkels etwas angeschrägt, um sie der Gefäßrundung anzupassen. Ansatzstellen und Henkelenden ritzen Sie an und bestreichen sie mit Schlicker. Der Henkel wird zuerst mit dem oberen und dann mit dem unteren Ende auf die Ansatzstelle gedrückt und gut mit der Kanne verstrichen.
Die Proportionen von Tülle, Henkel, Deckel und Gefäß müssen aufeinander abgestimmt werden!

Abb. 51 (oben). Glocken, mit Engobe bemalt
Abb. 52 (Mitte). Teeservice für Junggesell(inn)en, Glanzglasur mittelblau
Abb. 53 (unten). Kleine Flaschen, entstanden aus der ausgehöhlten Tonkugel, mit Engobe bemalt

Die Teeschalen
Zwei ausgehöhlte Halbkugeln (s. auch Seite 38) werden außen und innen glattgestrichen und bekommen durch leichtes Stauchen der Unterseite einen festen Stand. Die Schalen sollten beim Eingießen des Tees nicht umkippen.

Das Milchkännchen
... wird ebenfalls aus einer ausgehöhlten Halbkugel geformt. Zum Ausgießen der Milch bekommt es ein *Schnäuzchen,* das mit dem Finger leicht in den weichen Rand gedrückt wird.

Allerlei Flaschen und Fläschchen (Abb. 53)
Das Riechfläschchen, das einst der zarten vornehmen Dame Linderung brachte, wenn sie sich den Unbilden des Lebens durch Ohnmacht entziehen mußte, ist heute nicht mehr gefragt. – Dafür freuen wir uns über hübsche Flaschen und Fläschchen für den Toilettentisch oder als Behältnisse für gute Tropfen in unserer Hausbar. (Bekanntlich halten sich starke klare Schnäpse am besten in Steingutflaschen.) Nicht zuletzt aber benutzen wir hübsche Flaschen gerne als Vasen für einzelne Blumen oder für kleinere Sträuße. Wir wollen uns diese dekorativen Flaschen aus Ton selbst formen.
Kleine Flaschen können aus der *ausgehöhlten Kugel* (s. auch Seite 38) geformt werden. Diese Grundform kann durch Stauchen mit den Händen oder auf die Tischplatte verändert werden.
So wird die Kugelform der langhalsigen grünen Flasche von oben her (durch Stauchen) abgeflacht und mit dem spitzen Messer in die Mitte ihrer oberen Wölbung eine kreisrunde *Halsöffnung* geschnitten. – Sollte beim Stauchen der Hohlkugel in die gewünschte Form die Verbindungsnaht der beiden zusammengesetzten Halbkugeln platzen, drücken Sie beide Teile wieder zusammen und streichen etwas frischen, weichen Ton darüber. Über der Halsöffnung legen Sie nun 0,5 cm starke Tonwürstchen *spiralartig* übereinander *(Hals)*, die anschließend innen mit dem *Modellierstäbchen* und außen mit den Fingern verstrichen werden. – Legen Sie nicht mehr als drei bis vier Lagen auf einmal übereinander: Die Tonwürstchen lassen sich im engen Flaschenhals nur unter großen Schwierigkeiten verstreichen. Je höher der Hals, desto schwieriger das Glätten.
Der schmale Hals erweitert sich nach oben etwas und wird mit einem dickeren Tonwulst abgeschlossen.
Die *Länge* des Halses richtet sich nach der Größe des Flaschenkörpers.
Die an zwei einander gegenüberliegenden Seiten leicht *abgeflachte* Hohlkugel-Form erinnert an die guten Bocksbeutelflaschen aus dem Frankenland. Stellen Sie durch Stauchen am stärker gewölbten Rand der verformten Kugel die

Standfläche her, und schneiden Sie dann die Halsöffnung in die gegenüberliegende Seite des aufrechtgestellten Gefäßes.
Wenn die Wand des Flaschenbauches nicht zu dünn geraten ist, können Sie den kurzen *Hals,* der sich an seinem oberen Ende etwas erweitert, mit Daumen, Zeige- und Mittelfinger aus dem weichen Ton *herausziehen.* Anschließend werden die Halshöhe ausgeglichen und der Rand *rund* verstrichen. Hübsch macht sich ein kugelartiger *Stöpselverschluß,* den man ca. 1,5 bis 2 cm tief in die *Halsöffnung* hineinragen läßt. Die Anfertigung wird auf Seite 65 („Teekanne") beschrieben.
Dieses Fläschchen wurde mit Engobe bemalt und nach dem ersten Brand farblos glasiert.
Die dritte Flasche sieht besonders gemütlich aus. Die Hohlkugel wird zunächst (durch Stauchen) mit einer Standfläche versehen und dann auf je zwei einander gegenüberliegenden *Seiten* auf den flachen Tisch gestaucht, bis ein würfelähnlicher Körper entsteht.
Schneiden Sie die *Halsöffnung* mit dem Messer in die dem Boden gegenüberliegende, gewölbte Seite des Flaschenkörpers und bauen Sie über der Öffnung einen kurzen *Hals* aus zwei bis drei *Tonringen* auf. Die Ringe bleiben außen sichtbar als Schmuck stehen, müssen aber innen glattgestrichen werden.
Die Engobebemalung betont die abgeflachten Flächen des Flaschenkörpers. Ein farbloser Glasurüberzug (Glanzglasur) läßt die Farben nach dem Glasurbrand intensiver erscheinen.
Achten Sie bei allen Gefäßen auf eine gute Standfläche!

Die Aufbaukeramik – Gefäße aus Tonwülsten

Mit Hilfe der *Tonwulsttechnik* (s. auch Seite 37f. und Abb. 34) läßt sich jedes Gefäß aufbauen, sei es nun ein Aschenbecher oder eine große Bodenvase. Die Stärke der Tonwülste hängt von der Größe des Gefäßes ab und bestimmt die Stärke der Gefäßwand.
Ohne Zweifel können wir die Formgestaltung eines aus Wülsten hergestellten Gefäßes, im Gegensatz zu Kugel- und Plattengefäßen, stärker beeinflussen. (Letztere werden in einem der folgenden Kapitel eingehend beschrieben.) Zunächst aber wollen wir uns an die altbewährte Regel halten: Wir beginnen mit dem Kleinen und Einfachen, einem ...

Schüsselchen

Die Tonwulsttechnik eignet sich ganz *besonders gut* zum Aufbau kleinerer bis mittelgroßer *bauchiger* Gefäße. – Sicher erinnern Sie sich, wie ein Tonwulst leicht und mühelos entsteht:
1) Kugel formen.
2) Kugel an zwei einander gegenüberliegenden Stellen mit den Fingern zusammendrücken.
3) Die auf diese Weise deformierte Kugel mit dem Handteller unter ganz leichtem Druck und mit großen Bewegungen auf dem Tisch zu einem Tonwulst ausrollen.

Bekommt die Tonmasse an den Wulstenden Risse, müssen Sie diese immer wieder zusammendrücken, damit keine Luft eingeschlossen wird, die das Tongut beim Brennen zum Springen bringen kann.

Den *Boden* unserer kleinen Schüssel bildet eine plattgedrückte massive Tonkugel. Risse, die durch die Ausdehnung der Tonmasse am Rand des Bodens entstanden sind, müssen sofort glattgestrichen werden. – Die Bodenstärke richtet sich nach der Größe des Gefäßes und entspricht etwa der Wandstärke. Nun rollen Sie zwei Tonwülste aus: Der eine hat ca. 0,8 cm, der andere ca. 0,3 cm Durchmesser. Den dickeren Tonwulst legen Sie ringförmig auf den Gefäßboden, so daß er mit der Außenkante bündig abschließt. Die beiden Enden des Wulstes werden miteinander verstrichen. – Zwischen Tonring und Innenboden ist eine Rille entstanden, die mit dem zweiten (kleinen) Tonwulst ausgefüllt werden muß. Beide Tonwülste müssen nun gut und glatt mit dem Gefäßboden verstrichen werden.

Alle weiteren Tonwülste werden entweder *schraubenförmig fortlaufend* oder als *geschlossene einzelne* Tonringe *übereinandergelegt*, wobei die Rillen zwischen zwei Wülsten nicht mehr mit einem zusätzlichen kleineren Wulst ausgefüllt werden, sondern nur noch von oben nach unten glatt verstrichen werden müssen. Die Tonwülste können beliebig weit und eng verlaufend angeordnet werden. Dadurch sind wir in der Lage, die vielfältigsten Gefäßformen zu bauen.

Hat unsere kleine Schüssel – hier wurden die Tonringe nach oben immer weiter gelegt – die gewünschte Höhe erreicht, runden wir den Rand durch Streichen mit den Fingern etwas ab. – *Achten Sie immer darauf, daß Ihr Gefäß mit einem sauberen glatten Rand abschließt, denn das ist sozusagen die Visitenkarte Ihrer Arbeit.*

Einfache Stempelabdrucke (s. auch Seite 47) am oberen Rand geben dem Gefäß den rechten Abschluß.

Klopft man die Tonwülste vor der Verarbeitung mit der flachen Hand auf dem Tisch *platt* und legt sie hochkant übereinander, erreicht man schneller eine gewisse Gefäßhöhe. – Auf diese Art und Weise entstand auch das nächste „Gefäß", das wir anfertigen wollen:

Die Handtrommel (Abb. 55, Seite 70)

Über Handtrommeln freuen sich vor allem junge Menschen, die gerne einmal für sich Musik machen und dabei den Rhythmus schlagen wollen.

Der *Fuß* der Handtrommel wird aus der Tonkugel *massiv* geformt und dient damit zugleich als standfeste Stütze für den bauchigen „Kessel": Die Kugel, die einen Durchmesser von ca. 5 bis 7 cm hat, wird an zwei gegenüberliegenden Stellen – unten und oben – auf den Tisch gestaucht. Dadurch entstehen zwei platte Flächen, die Boden- oder Standfläche und die Trägerfläche für den Kessel. Die bauchige Form des Fußes erhält nun durch leichten Fingerdruck (mit Daumen und Zeigefin-

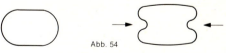

Abb. 54

ger) in der „Gürtellinie" eine tiefe Einbuchtung, eine Art „Wespentaille", wobei der überschüssige Ton nach unten und oben verstrichen wird (Abb. 54).

Direkt auf den Fuß werden die abgeplatteten Tonwülste im „Dachplattensystem" (die oberen Wülste überragen die unteren) übereinandergesetzt und ergeben so den *Trommelkessel,* der sich zunächst von unten nach oben erweitert und schließlich wieder verengt. Die Innenwand wird glattgestrichen.

Die *Ösen*, die die Spannfäden der Klanghaut halten, werden als 1,0 bis 1,5 cm dicke Scheiben mit dem Messer von einer dicken Tonrolle (Durchmesser etwa 3 cm, Länge etwa 9 cm) *abgeschnitten* und anschließend mit einem Rundholz durchbohrt. Sauber verstrichen werden sie am oberen Teil des Kessels befestigt:

1) Ansatzstellen anritzen und beschlickern.

2) Tonösen gut andrücken und mit dem Kessel verstreichen. Notfalls kann um die Ansatzstelle ein dünnes Tonwürstchen gelegt werden, das der Öse, wenn es gut verstrichen wird, zusätzlichen Halt gibt.

Schmuck: Die platten Tonwülste, bewußt ungleich breit geformt, dienen als Bänder für die *ornamentale* Verzierung. Wenn die Trommel etwas getrocknet ist, kann sie mit Engobe bemalt werden. Eine reiche und bunte Bemalung erhöht die dekorative Wirkung.

Frühstückstasse und Teller (Abb. 56)

Die große Frühstückstasse, aus der in Frankreich der Café au lait, der Milchkaffee, getrunken wird und die auch bei uns immer mehr in Mode kommt, sieht auf dem Frühstückstisch einladend und gemütlich aus.

Sie wird mit Tonwülsten auf einem Boden, der ca. 5 bis 6 cm Durchmesser hat, aufgebaut. Die *Tassenwand* wird dabei bewußt höher ausgeführt, als

Abb. 55 (links). Handtrommel, aufgebaut aus flachgeklopften Tonwülsten, mit Engobe bemalt

Abb. 56 (rechts). Frühstückstasse, Engobemalerei

es sonst bei Tassen üblich ist. Der Tassenrand kann entweder nach innen zulaufen oder sich leicht nach außen neigen.

Der *Henkel* (Anfertigung s. Seite 73), etwas mehr als fingerdick, wird mit dem oberen Ende in Höhe des Tassenrandes und mit dem unteren Ende ca. 1 cm über dem unteren Rand befestigt. Oben *wächst* er aus der Profillinie des Gefäßes *heraus,* unten bleibt die Ansatzstelle sichtbar. Die *Henkelschlaufe* schwingt leicht nach oben.

Und nun zum *Teller:* Sie legen auf eine ausgerollte, fingerdicke Tonplatte (Anfertigung s. Seite 45f.) eine relativ große Untertasse oder einen kleinen Dessertteller und schneiden mit einem Messer am Rand entlang. So erhalten Sie eine Scheibe. – Sobald diese etwas fester geworden ist, biegen Sie den Rand leicht nach oben, und Sie haben einen Teller. Um den Mittelpunkt des Tellers drücken Sie eine kleine Vertiefung (Durchmesser 5 bis 6 cm) ein. Das ergibt die Standfläche für die Tasse.

Der Teller kann noch einen *Fuß* bekommen: Dazu wird ein fingerdicker Tonwulst zu einem Ring zusammengeschlossen (Durchmesser 5 bis 6 cm). (Die beiden Enden sollten gut miteinander verstrichen werden.) Dieser Tonring wird an der leicht befeuchteten, angeritzten und mit Schlicker bestrichenen Unterseite des Tellers angesetzt und gut verstrichen.

Sie können in dieser Weise ein ganzes Kaffee- oder Teeservice selbst herstellen. Schön glasiert mit passenden Servietten auf ein hübsches Tischtuch gestellt, bietet ein solches Service den geeigneten Rahmen für viele gemütliche Plauderstunden.

Vasen und Krüge – einige Gedanken über die gute Form

Ehe wir nun nach diesen Anfangsarbeiten darangehen, größere Gefäße wie Krüge und Vasen aufzubauen, wollen wir uns einige Gedanken über die Form und ihren Gebrauch machen. Wichtig ist, daß man vor dem Aufbauen eines Gefäßes weiß, welche *Funktion* es erfüllen soll. – Eine Schüssel wird eine weite Öffnung bekommen, während Vasen für einzelne Blumen mit einem engen Hals und Vasen für bunte Wiesensträuße mit einem weiten Hals ausgestattet sein müssen.

Unsere Gefäße sollten in erster Linie *standfest* sein. Boden, Gefäßkörper und Hals müssen in den Proportionen aufeinander abgestimmt werden. Versuchen Sie nicht, eine dünne Porzellanvase nachzuformen. – Das Tonmaterial erfordert eine kräftigere Form und eine gewisse Ursprünglichkeit.

Ich will nun als kleine Anregung fünf Grundformen in Wort und Bild beschreiben, die natürlich jederzeit nach eigenem Geschmack verändert werden können. Es handelt sich dabei um folgende Formen (Abb. 57):

Abb. 57

a

b

c

d

e

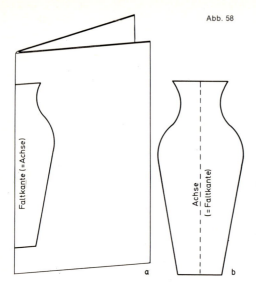

Abb. 58

Alle diese Formen sind uns schon aus der Antike bekannt und vertraut.

Wenn Sie sich über die genaue Form, die Sie anfertigen wollen, noch nicht ganz sicher sind, fertigen Sie zuerst eine Handskizze an oder schneiden die Form aus Papier aus (Schnittmuster): Ein rechteckiges Blatt (DIN A 4) kariertes Papier wird auf die Hälfte zusammengefaltet. Sie haben dann zwei gleiche, kleinere Rechtecke. Die Gefäßform wird nun so auf das Blatt gezeichnet, daß sich *Formachse* und *Faltkante* decken (Abb. 58a).

Auf diese Art und Weise erhalten Sie eine *achsengleiche* Musterform (Abb. 58b), nach der Sie nun das Gefäß aufbauen können.

Der Aufbau der fünf Formen aus Tonwülsten (Ausgangspunkt ist immer der Gefäßboden).

1) Die *Zylinderform* (Abb. 57a) entsteht durch senkrechtes Aufeinanderlegen der zu Ringen geformten Tonwülste.

2) Bei der *Fäßchenform* (Abb. 57b) legt man zunächst enge Ringe, läßt sie dann langsam weiter werden und oben zum Rand hin wieder verengen.

3) Die *Amphoren* (Abb. 57c) dienten in der Antike zum Aufbewahren von Getreide, Wasser und Wein. Oft hatten diese Gefäße statt eines flachen Bodens einen spitz zulaufenden Fuß, den man in den weichen Boden stecken konnte.

Hier werden die Tonringe langsam erweitert, bis man etwa eine Handbreit unter dem relativ engen Hals den größten Umfang erreicht hat. Bis zur Halsöffnung müssen die Tonringe wieder enger gelegt werden.

4) Dagegen liegt der größte Umfang der *Beutelform* (Abb. 57d) in der unteren Gefäßhälfte, etwa eine Handbreit über dem Boden. Die Tonringe werden schnell bis zum größten Umfang erweitert und laufen zum oberen Rand hin langsam immer enger zusammen. – Der bekannteste Vertreter der Beutelform (allerdings in Glas) ist der Bocksbeutel, in den die süffigen Frankenweine abgefüllt werden.

5) Die *Kugelform* (Abb. 57e) ist ausgewogen und harmonisch. Die Tonringe erweitern sich zur Mitte des Gefäßes und werden zum Hals hin wieder enger. – Der größte Durchmesser liegt also genau in der Mitte der Gefäßwand.

Drei Punkte müssen beim Aufbau von Gefäßen *unbedingt* beachtet werden:
1) Funktion
2) materialgerechte Form
3) Standfestigkeit

Henkel und Griffe
Henkel und Griffe an Gefäßen dienen als Vorrichtungen zum Heben und Tragen.
Für das Formen und Ansetzen von Henkeln und Griffen an Gefäßen gilt grundsätzlich, daß sie in *Form* und *Stärke* zum Gefäß *passen* sollten und daß sie *fest* und *sicher angesetzt* werden müssen: Zu große Henkel und Griffe wirken plump und belasten optisch eine Gefäßform einseitig. – Zu dünne Henkel und Griffe dagegen halten keine starke Belastung aus und zerbrechen u. U. schon während des Trockenprozesses.
Sie werden durch Ausprobieren und Üben die geeignete Lösung finden: Am besten halten Sie den vorgeformten Henkel (oder Griff) immer wieder an das Gefäß und prüfen die Wirkung.
Es gibt verschiedene Techniken, *Henkel* herzustellen:
1) *Ausrollen*
Für kleine und mittelgroße Gefäße eignet sich am besten der Henkel aus dem Tonwulst.
2) *Ausschneiden aus der Tonplatte*
Eine massive Tonkugel wird zu einer ca. 1 cm dicken Tonplatte ausgerollt (s. Seite 45f.), aus der die Henkel in Form von breiteren oder schmäleren Streifen ausgeschnitten werden. – Diese Henkelform eignet sich gut für mittelgroße Gefäße.
3) *Ziehen*
Der gezogene Henkel entsteht aus einem geraden Tonkegel von größerem Umfang (5 bis 6 cm Durchmesser), den man in einer Hand hält. Die andere, nasse Hand zieht den unteren Teil des Kegels langsam mit von oben nach unten streichenden Bewegungen zu einem langen, zungenförmigen Fortsatz. Während die eine Hand zieht, wird der Tonkegel in der anderen Hand langsam gedreht. – Wichtig ist, daß die ziehende Hand immer sehr feucht ist. Wenn Sie etwas Übung im Ziehen von Henkeln haben, können Sie die Form mit schwächerem oder stärkerem Druck der „Ziehfinger" beeinflussen: Je nach Fingerhaltung und Druck entstehen flache, ovale, runde oder eckige Henkel. Bei starkem Fingerdruck wird der Henkel unten spitz, bei schwächerem Druck dagegen rund auslaufen.
Während des Ziehens wird der Henkel bereits gebogen. Hat er nun die gewünschte Länge und Form, schneiden Sie ihn vom Tonkegel ab und lassen ihn vor dem Ansetzen leicht antrocknen, um ein *Zusammenfallen* zu verhindern.

Das Ansetzen des Henkels
Der Henkel hat am Gefäß zwei Ansatzstellen, die entweder auf einer vertikalen Linie übereinander- oder auf einer horizontalen Linie nebeneinanderliegen.

Beide Ansatzstellen an Henkel und Gefäß werden angeritzt und mit Schlicker bestrichen. Zunächst wird nur *ein* Henkelende (bei übereinanderliegenden Ansatzstellen ist es das *obere* Ende) ans Gefäß gedrückt und gut mit diesem verstrichen. Dann bringen Sie den Henkel mit der nassen Hand mit streichenden Bewegungen in die richtige Form und befestigen auch das andere Ende. Bei einem senkrechtstehenden Henkel macht sich ein *Daumenabdruck* am unteren Ansatz sehr hübsch. – Sie können aber auch ein extra Tonstück für den Abdruck auf den unteren Henkelansatz aufsetzen. Dazu formen Sie eine kleine Kugel, setzen diese auf das Henkelende und verstreichen sie gut mit Henkel und Gefäß, so daß dies neue Stück etwas absteht. Dann setzen Sie darauf einen Daumenabdruck.

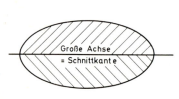

Abb. 59

Griffarten und ihre Herstellung
Ohrengriffe. Ohrenförmige massive Griffe schneiden Sie aus einer Tonplatte (Anfertigung s. Seite 45f.), die etwa 1,5 bis 2,0 cm dick ist, aus. Ihre Form gleicht einer Ellipse, die in der großen Achse geteilt wurde (Abb. 59).
Der Ohrengriff wird mit der Schnittkante an der Gefäßwand befestigt und gut verstrichen.

Knopfgriffe. Knopfgriffe sind *massive* Tonkugeln, die an einer oder aber an zwei Seiten eines Gefäßes angesetzt werden. – Besonders hübsch sehen sie an niedrigen Schüsseln oder Schalen aus.

Das Glätten der Gefäßwand

Sie dürfen sich vom Anblick der glatten Wände mechanisch gedrehter Gefäße nicht entmutigen lassen. – Das Reizvolle an einer selbstgebauten Form ist die persönliche „Handschrift": Ihre handgebauten Gefäße dürfen Fingerspuren zeigen und können ruhig ein wenig schief sein. Mit zunehmender Übung werden die Gefäße – quasi ganz von selbst – glatter und harmonischer in der Form.
Es gibt einige Hilfsmittel, die Gefäßwand zu glätten:
1) *Vertiefungen und Dellen* werden, solange das Gefäß noch feucht ist, mit frischem Ton, der gleichmäßig über der betreffenden Stelle verstrichen wird, ausgefüllt.
2) *Zu dick geratene Gefäßpartien* werden in lederhartem Zustand (s. Seite 26) mit einem Teigschaber abgeschabt oder mit einem Messer abgeschnitten. Anschließend wird das Gefäß mit einem Schwamm befeuchtet und noch einmal glattgestrichen.
3) *Unregelmäßige (rauhe) Oberfläche:* a) Wenn Sie mit der gewölbten Seite eines Eßlöffels oder mit einem Vierkantholz die Außenwand Ihres Gefäßes gleichmäßig abklopfen, wird sie glatt und fest. – Die durch das Klopfen entstandene *Werkspur* bleibt als Schmuck stehen.

b) Das knochenharte (s. Seite 27) Gefäß kann mit Glaspapier bearbeitet werden. Dadurch entstehen je nach Stärke oder Körnung des Papiers feinere oder gröbere Strukturen. – Sollten Sie das geschmirgelte Tonstück nach dem ersten Brand glasieren wollen, müßten Sie den Scherben vor dem Übergießen mit Glasur mit Wasser und Bürste abschrubben, da beim Schmirgeln eine Staubschicht entstanden ist, die zum *Abrollen* (= Ablösen) der Glasur führen könnte.

Die Oberflächengestaltung von Gefäßen (Abb. 60)
Beim Aufbauen unserer Gefäße bemühen wir uns zunächst einmal um die gute Form. Erst an zweiter Stelle steht das Bedürfnis, diese Formen durch eine natürliche Werkspur oder eine nachträglich angebrachte Verzierung zu schmücken. Alle Schmuckformen haben die Aufgabe, das Besondere einer Form hervorzuheben und zu unterstreichen. So bieten sich schon während des Entstehungsprozesses eines Gefäßes verschiedene Verzierungsmöglichkeiten:

Tonwülste als Schmuck
Tonwülste können als Schmuck *unverstrichen* stehenbleiben:
Setzen Sie entweder die Wülste als *geschlossene Ringe einzeln übereinander* oder legen Sie die Wülste *fortlaufend in Spiralform* aneinander. – Beide Möglichkeiten beleben die Außenwand Ihres Gefäßes. (Innen muß die Gefäßwand aber unbedingt gut und glatt verstrichen werden.)
Wülste im Wechsel mit glatten Flächen ergeben eine reizvolle Wirkung.

Abb. 60. Oberflächenschmuck. Links: Mattglasur steingrau; Mitte: Mattglasur hellbraun; rechts: mit dem Falzbein (in lederhartem Zustand) aufgerauht; Innenglasur

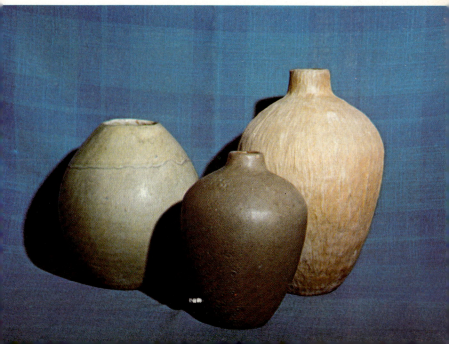

Die Fingerspur
Eine hübsche Werkspur kann durch das Verstreichen der Tonwülste mit den Fingern entstehen: Dabei gibt es Vertiefungen, die senkrecht verlaufen, oder schuppenartig übereinandergeschobene Spuren, die sehr dekorativ wirken können.

Das Reiben
Mit einem Falzbein, einem flachen Knochen, den der Buchbinder zum Falzen von Papier verwendet, kann die Oberfläche des Tonstückes – es sollte aber lederhart sein – gerieben werden, bis sie glänzt.
Die Oberfläche glänzt auch noch nach dem Schrühbrand, so daß das Gefäß also außen nicht unbedingt glasiert werden muß.

Das Ritzen
Mit Werkzeugen wie z. B. einer Gabel, einem alten Kamm oder einem spitz zulaufenden Holzstück können schräge, gerade oder kreisende Linien und Muster in die glattgestrichene Oberfläche eines Gefäßes geritzt werden.

Den Stempeldruck
... mit Stempeln aller Art haben wir beim Formen der Krippefiguren (Seite 47) kennengelernt.

Das Aufsetzen vorgeformter Tonteile
Durch das Aufsetzen von vorgeformten Tonteilen wie Noppen, Streifen, Linien, Kreisen etc. kann man hübsche reliefartige Wirkungen hervorrufen. Dabei ist es aber sehr wichtig, daß diese Musterteile immer gut mit der Gefäßwand verstrichen werden, um ein Abfallen beim Trocknen und Brennen zu vermeiden.

Die Textur
Eine reizvolle Textur entsteht durch das Abdrücken gedrehter oder geflochtener Schnüre (Bandkeramik) oder grobgewebter Stoffe (z. B. Sackleinen) auf den leicht angetrockneten Ton.

Das Wachsen
Die glatte Oberfläche des geschrühten Tones kann mit Bohnerwachs (farblos) eingerieben und dann nachpoliert werden. Das Tonstück wird vorher im Backofen ein wenig angewärmt. – Es sind aber mehrere Arbeitsgänge notwendig, um einen seidigen Glanz zu erzielen.

Die Engobe- oder Schlickermalerei
Die Engobe- oder Schlickermalerei wurde im ersten Teil (Seite 29 ff.) ausführlich beschrieben. – Da sich diese schöne Technik aber auch besonders gut für das Verzieren von Gefäßen eignet, wollen wir uns hier noch mit drei weiteren Engobiertechniken beschäftigen:

Malen mit dem Malhörnchen
Zum Auftragen von Punkten, Streifen und Linien eignet sich besonders gut das Malhörnchen, das von jeher in der „Bauernmalerei" verwendet wird. – Sie kennen sicher die typischen Krüge, Pfannen und Töpfe, die mit weißen, hellgrünen, schwarzen und roten Linien, Punkten und Blumen verziert sind. Als Malhörnchen nehmen wir eine *Ohrenspritze,* ein Gummibällchen mit kleiner Röhre aus Gummi oder Plastik. – Ersatzweise kann man eine *Pipette* (zur Nasen- und Ohrenbehandlung) verwenden. Ohrenspritze und Pipette bekommen Sie jederzeit in der Apotheke.
Wie wird nun damit gemalt?: Drücken Sie den Gummiball der Ohrenspritze bzw. die Gummikappe der Pipette zusammen und tauchen die Röhre in die (ein wenig flüssiger als üblich gemachte) Engobe. Dann lockern Sie langsam den Druck, und die Farbe wird durch das Röhrchen in den Gummiball bzw. in die Pipette hochgesogen.
Durch erneuten, vorsichtigen Druck auf das Bällchen oder die Kappe können Sie die Farbe aus der Röhre wieder herausdrücken und in Form von schönen Mustern auf Ihr Gefäß auftragen. – Bewegen Sie dabei das Malhörnchen *locker* in die gewünschte Richtung. *Wichtig ist, daß das Mundstück des Malgerätes die Oberfläche des Gefäßes nicht berührt.*
Das Malen mit Engobe erfordert einige Übung. Fertigen Sie deshalb auf extra Tonplatten einige Proben an.
Unbemalte Tonflächen erscheinen nach dem Brennen in der Tonfarbe. *Zu dick aufgetragene Engobe platzt leicht wieder ab!*
Als *Malgrund für Ornamente,* egal ob sie nun mit dem Pinsel oder dem Malhörnchen aufgetragen werden, eignet sich der *rohe Ton* oder eine *gleichmäßig engobierte* Gefäßwand. – Fortlaufende Bänder, Ringe oder Linien lassen sich am besten auftragen, wenn man das Gefäß auf die rotierende Tischränderscheibe (Herstellung s. Seite 15f.) stellt.

Sgrafitto (Abb. 62)
„Sgrafitto" (Mehrzahl: Sgrafitti) heißt „Kratzmalerei" und kommt aus dem Italienischen.
Diese Technik wurde früher auch oft zum Schmücken verschiedenfarbig verputzter Wände verwendet. Dabei wurden die Bilder in einen weißen Verputz geritzt, der verschiedene andere Farbschichten überdeckte. – Diese Kratztechnik eignet sich gut als Schmuck unserer Gefäße.
Mit Hilfe eines spitzen Instrumentes (Nagel, Reißnagel etc.) legt man den Tongrund direkt oder auch mehrere übereinander aufgetragene Engobeschichten frei. (Mit der Tonschlinge lassen sich breite Bänder und Flächen freilegen.) Beim Ritzen entstehen *Tonspäne,* die man erst in getrocknetem Zustand beseitigen sollte. – Naß beseitigt würden sie die aufgemalte Farbe verwischen. Pinsel- und Sgrafittotechnik können kombiniert werden, wenn man z. B. aufgemalte Flächen und Figuren mit eingeritzten *Binnenzeichnungen* (Ausschmückungen *innerhalb* einer Zeichnung) verziert.

Die Federmalerei (Abb. 62)
... ist eine Technik, die sich besonders gut für die Innendekoration einer Schale oder eines Tellers eignet:
Stellen Sie das *lederharte* Tonstück auf ein mit einem feuchten Lappen bedecktes Holzbrettchen. Gießen Sie dann in die Mitte der Tonfläche einen Klecks Engobe (Schlicker), der durch Schwenken und Drehen verteilt wird. – Überschüssige Engobe wird in den Behälter zurückgegossen.
Nun ziehen Sie mit dem gefüllten Malhörnchen andersfarbige, waagerechte oder senkrechte, eng aneinandergesetzte Linien in die feuchte Engobe. – Damit die Farblinien in den Engobegrund einziehen, klopfen Sie die Holzplatte ein paarmal auf den Tisch.
Und nun werden mit einer feinen Schreibfeder, die vorher in Wasser getaucht wurde, horizontale oder vertikale Linien durch die Engobestreifen gezogen. Dabei durchdringen sich die Farben gegenseitig.
Die Schlickerlinien können unterschiedlich breit oder auch strahlenförmig auf den Tongrund gemalt werden.

Gefäße aus Tonplatten und -streifen
Dekorative Kakteenkästen, Blumenübertöpfe, Keramikdosen oder Flaschen für Blumensträuße können leicht und schnell aus einzelnen Plattenteilen aufgebaut und zusammengesetzt werden.
Als *Grundplatten* oder Böden eignen sich sowohl runde als auch *viereckige* Formen.
Legen Sie zuerst eine kleine Handskizze der Gesamtform an, und bestimmen Sie dann anhand der Skizze Höhen-, Tiefen- und Breitenmaße. – Dann zeichnen Sie nach diesen Maßen *jedes einzelne* Gefäßteil auf Papier und schneiden es aus.
Am Beispiel der *zylindrischen* Flasche (Abb. 63) soll dieser Vorgang erklärt werden.

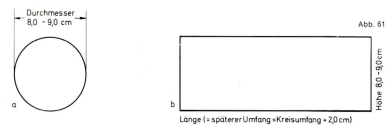

Abb. 61

Länge (= späterer Umfang = Kreisumfang + 2,0 cm)

Abb. 62 (oben links). Probeplättchen für Engobemalerei. Links Federmalerei; Mitte Kratztechnik; rechts Pinselmalerei

Abb. 63 (oben rechts). Zylindrische Flasche mit Korkenverschluß. Glanzglasur, gemischt aus Cadmiumgelb und Selenrot. Probeplättchen glasiert: Cadmiumgelb, Selenrot, Orange, Hellbraun, Weiß (Innenglasur)

Abb. 64 (unten). Eckige Flasche aus Tonplatten, Mattglasur schwarz

Sie benötigen zwei Papierteile (Abb. 61):
a) eines für den *kreisförmigen* Boden, Durchmesser etwa 8 bis 9 cm und
b) eines für das *rechteckige* Wandteil, etwa 8 bis 9 cm hoch, Länge (späterer Umfang) = Kreisumfang plus 2 cm Zugabe.
Nun fertigen Sie die Tonplatte (Größe ca. 31 auf 21 cm) an. Die Anleitung dazu finden Sie auf Seite 45 f.
Legen Sie die beiden Papiermuster auf die Tonplatte und schneiden Sie langsam mit der Messerspitze an der Außenkante der Muster entlang.
Das rechteckige Tonteil wird zur *Röhre* abgebogen und *um die Außenkante* des Bodens gelegt (Abb. 65 a). Die *Nahtstelle* zwischen Wand und Boden muß *innen* gut verstrichen werden!
Dann wird der Flaschenkörper geschlossen und *innen und außen* sorgfältig verstrichen. – Am besten nehmen Sie dazu zunächst das Modellierholz und zum *Glattstreichen* dann die Finger.
Es sollte *keine* sichtbare Nahtstelle zurückbleiben!
Aus der geschlossenen Zylinderform können Sie nun alle möglichen Flaschen- oder Dosenformen entwickeln:
Die Flasche auf Seite 79 bekam einen abgerundeten, zum Hals enger werdenden Aufbau aus *Tonwülsten,* die direkt auf den Zylinder aufgesetzt wurden. – Auf der *Halsöffnung* wurden Tonwülste wieder zu einer Röhre übereinandergeschichtet und außen und innen verstrichen. Der auf diese Weise entstandene *Hals* (Höhe: 2 cm) wurde zum Schluß außen mit dem Modellierholz etwas aufgerauht.
Nach dem Schrühbrand (s. Seite 50) erhielt die Flasche innen eine grüne und außen eine orangefarbene Glasur. – Der Korken wurde in passender Größe (in der Drogerie) gekauft.
Die eckige, schwarzglasierte *Vase* (Abb. 64) gleicht einem großen altmodischen Tintenfaß. Sie besteht aus einem quadratischen Boden und vier rechteckigen Wandteilen mit folgenden Maßen:
Plattenstärke: ca. 1 cm
Boden: 8 × 8 cm
Erstes und drittes Seitenteil je: (Breite) 9,5 × (Höhe) 9 cm.
Zweites und viertes Seitenteil je: (Breite) 8,5 × (Höhe) 9 cm.
Drei Papierteile (Abb. 66) ergeben die *Muster* für Boden und Wandflächen.
Nachdem Sie die *fünf* Einzelteile nach den Mustern aus der Tonplatte (Anfertigung s. Seite 45 f.) geschnitten haben, setzen Sie die vier Seitenteile in *numerischer* Reihenfolge (1, 2, 3, 4) um den quadratischen Boden zusammen, so daß die schmalen Platten zwischen den breiten Platten sitzen. – Alle Nahtstellen werden gleich nach dem Zusammensetzen mit dem Modellierholz innen und außen verstrichen und mit den Fingern geglättet.
Dann schließen Sie das Gefäß mit einer *Deckplatte;* die Maße dieser Platte sind 8 mal 8 cm *plus Wandstärke.* (Messen Sie zur Vorsicht die genaue Zentimeterzahl nochmals ab.) Dieser Deckel wird auf das Gefäß gelegt und außen gut mit den Seitenwänden verstrichen. – Achten Sie immer darauf, daß trotz des Verstreichens die Kanten des Gefäßes deutlich erhalten bleiben.

Die *Halsöffnung,* mit etwa 4 bis 5 cm Durchmesser, wird in die Deckplatte geschnitten. Man kann dazu ein rundes Gefäß mit entsprechenden Maßen als Muster benützen. – Ein etwa 1,5 bis 2 cm breiter und ca. 22 cm langer *Tonstreifen,* aus einer Tonplatte *geschnitten,* ergibt den kurzen *Hals*: Formen Sie den Streifen zu einem Ring und setzen Sie ihn an der Öffnung in der Deckplatte an, wobei die Ansatzstelle wieder *gut verstrichen* werden muß. – Ein *Halsring,* mit einem *Außendurchmesser* von 9 bis 10 cm und einem *Innendurchmesser,* der dem Durchmesser der Halsöffnung entspricht (Abb. 67a), bildet den Abschluß des Gefäßes (Abb. 67b). – Halsring und Hals müssen *fest* miteinander verbunden werden.

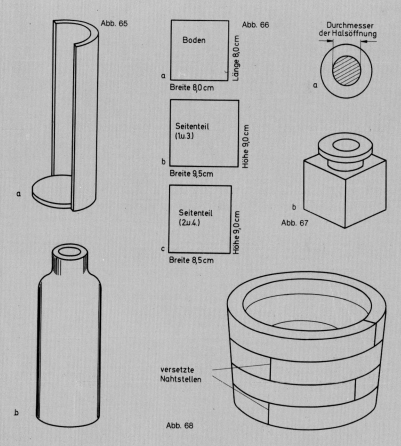

Pflanzenschalen

Pflanzenschalen (-töpfe), die man für *alle* Zimmerpflanzen verwenden kann, lassen sich leicht aus *Tonplatten* und *-streifen* rund, quadratisch oder rechteckig herstellen. *Glasierte* Schalen werden lediglich als Übertöpfe benutzt, während *unglasierte* Schalen direkt bepflanzt werden können (angeblich sollen Kakteen besonders gut darin gedeihen; Abb. 69).

Eine gut gemagerte Tonmasse, d. h. mit etwas mehr Schamotte oder Sand vermischt als üblich, ergibt eine rauhe und dekorativ wirkende Oberfläche. Das nachträgliche Bearbeiten des knochenharten Tons mit *Schmirgelpapier* erhöht die körnige Wirkung.

Viereckige und *runde* Pflanzenschalen werden im Prinzip ebenso aufgebaut wie die auf den Seiten 78 und 80 beschriebenen beiden Gefäße. – Lediglich die Wände der Pflanzenschalen sind meist etwas niedriger.

Runde Pflanzenschalen können auch mit aufgesetzten Halterungen versehen und daran an der Zimmerdecke aufgehängt oder an einen langen Bambusstab gesteckt werden. Diese Halterungen formen Sie aus dicken Tonwalzen, die Sie der Länge nach mit einem runden Stab *durchbohren* und anschließend (ebenfalls der Länge nach) an den Schalen gut befestigen.

Mit schmalen Tonstreifen lassen sich Gefäße jeder Größe und Form aufbauen. Besonders Wände größerer Gefäße (wie etwa Bodenvasen) werden auf diese Weise rasch hochgezogen. Dabei wird aber immer Ring um Ring aufgesetzt

Abb. 69 (links). Übertöpfchen aus Tonstreifen, reliefartige Randverzierung. Innen: grün-glänzend glasiert; außen: Naturfarbe, gewachst

Abb. 70 (rechts). Stöfchen, einfarbig mit brauner Engobe bemalt

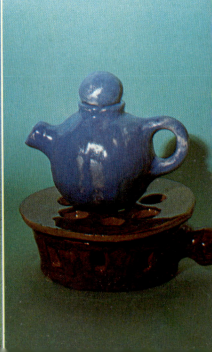

– ein *spiralförmiges* Aufbauen, wie Sie es bei der Tonwulsttechnik (s. Seite 37f.) kennengelernt haben, ist hier *nicht* möglich. – Ein leichter *Fingerdruck* bringt aber auch die Tonstreifen in die gewölbte Form.
Um eine absolut geschlossene Gefäßwand zu erhalten, müssen die Nahtstellen der einzelnen Ränderringe versetzt werden (s. Abb. 68).

Das Stöfchen (Abb. 70)
Das Stöfchen auf dem Tisch hält unseren Kaffee warm, der vielleicht sogar in die selbstgebaute Kanne abgefüllt wurde. Wie aber bauen wir ein Stöfchen? Auf eine runde Bodenplatte (Stärke ca. 0,5 bis 0,8 cm; Anfertigung s. Seite 45f.) mit 10 bis 12 cm Durchmesser wird die Stöfchenwand in Form eines 4 bis 5 cm hohen *Tonstreifens* aufgesetzt. Die *Nahtstelle* zwischen Boden und Wand muß zuerst mit dem *Modellierholz* grob verstrichen und dann mit einem dünnen Tonwulst ausgelegt werden.
In die Stöfchenwand eingeschnittene kleine *Fenster* (Dreiecke, Kreise, Rechtecke, Quadrate) sorgen für die nötige Luftzufuhr, die später die Kerze zum Brennen braucht.
Die *Deckplatte*, die *abnehmbar* sein muß, wird im Durchmesser ca. 1,5 cm größer zugeschnitten als die Bodenplatte und ebenfalls mit mehreren Öffnungen ausgestattet. – Legen Sie diese Scheibe in *leicht angetrocknetem* Zustand in einen tiefen Dessertteller und lassen Sie sie in dieser „Form" trocknen. Wenn Sie sie in *knochenhartem* Zustand vom Teller abnehmen, hat sie dessen Form angenommen und wird mit leichter Vertiefung zur Mitte hin auf dem Stöfchen liegen.
Ein *Tonring,* an der *Unterseite* der Deckplatte befestigt, dessen Durchmesser dem *inneren* Durchmesser der Stöfchenwand entspricht, schützt die Deckplatte vor dem Abrutschen. – Alle Deckel, die nicht abrutschen dürfen, z. B. bei Kaffee- oder Teekannen, erhalten solch einen Schutzring.
Ein *Kugelgriff* (massive Tonkugel) wird an der Stöfchenwand befestigt. – Sollte der Griff nach dem Ansetzen noch etwas *zu weich* sein, muß er beim Trocknen mit einem Klumpen weichen Tones gestützt werden. Dadurch vermeidet man ein Reißen der Ansatzstelle.

Das Glasieren der Tonware
Der spannendste Moment beim Töpfern ist immer das Öffnen des Ofens nach einem Glasurbrand – ist es doch nie ganz sicher, ob die gebrannten Glasuren unseren Erwartungen entsprechen.
Das soll uns aber nicht davor abschrecken, unsere Gefäße zu glasieren. Zum einen dient die Glasur als Schmuck (die Gefäße werden gleichsam kostbarer) –, und zum anderen werden die Gefäße durch die Glasur *undurchlässig,* so daß wir sie auch benutzen können.
Eine *vollkommene* Undurchlässigkeit wird aber erst im Laufe der Zeit erreicht, wenn sich, z. B. bei Vasen, der Kalk des Wassers in den Poren des Tones festgesetzt hat. Das *Ausgießen* des Gefäßes mit kochender Milch oder mit flüssigem Wachs ist ein altes Hausrezept und soll die Poren ebenfalls verstopfen.

Am sichersten ist es aber, wenn Sie das Gefäß in der ersten Zeit auf einen Untersatz stellen, dann vermeiden Sie garantiert häßliche Wasserränder auf kostbaren Möbeln.
Auch bereits der *Scherben* (s. Seite 50) kann mit einem (Spezial-) Dichtungsmittel (erhältlich in Geschäften für Bastler- und Heimwerkerbedarf) undurchlässiger gemacht werden. Das Mittel wird in das Gefäß gefüllt und zieht im warmen Ofen in den Scherben ein.
Glasuren sind bestimmte *Gläser,* die in der Hitze des Ofens *auf den Scherben* aufgeschmolzen werden. *Metalloxyde* geben den Gläsern die entsprechende Farbe. Im Gegensatz zu normalem Glas enthalten die Glasuren mehr Tonerde und weisen einen größeren Schmelzbereich auf. Die Tonerde sorgt dafür, daß eine Glasur gut haftet, glasig wird und nicht läuft.
Die fertigen, schon *eingefärbten* Glasuren können im Fachhandel in *Pulverform* bezogen werden.
Es gibt zwei Arten von Glasuren:
1) Die *Rohglasur* ist ein Bleisilikat. Ihre Bestandteile sind zwar gut vermischt, enthalten aber Bleioxyd oder Bleimennige in ungebundenem Zustand und sind deshalb **sehr giftig.** (Achten Sie beim Kauf von Glasuren auf die entsprechende Aufschrift!) Der Fachhandel verschickt daher Fritten (s. unten).
2) *Fritten:* Das Blei der Rohglasur wird in Fritteöfen chemisch gebunden. Hierbei werden alle Glasurbestandteile im Ofen zusammengeschmolzen, so daß ein festes, schwer lösbares Glas entsteht. Dieses Glas zerspringt bei raschem Abkühlen in kaltem Wasser. Die entstandenen Glasstücke werden als fein vermahlenes gefärbtes Pulver gehandelt. – Ein entsprechender Prospekt, der im Fachhandel erhältlich ist, zeigt Ihnen die Farbskala.
Die beiden wichtigsten Farbgruppen sind:
1) Farblos-transparente und *farbig-transparente glänzende* und *matte* Glasuren.
2) *Farbig-deckende* und *weiß-deckende glänzende* und *matte* Glasuren.

Das Anrühren von Glasuren
Das Glasurpulver wird in einem Gefäß aus Plastik mit so viel Wasser angesetzt, d. h. geschlämmt (s. auch Seite 30), daß eine dickflüssige Masse entsteht. Man läßt die Glasur anschließend 1 bis 3 Stunden stehen und passiert dann die sahneartig verdünnte Flüssigkeit mit einem Teigschaber durch ein feines Sieb. (Die Glasur darf *keine Klumpen* haben und kann durch Zugabe von Pulver dicker, durch Zugabe von Wasser jederzeit flüssiger gemacht werden.)
Die flüssige Glasur muß durch *luftdichtes* Abdecken vor dem Eintrocknen geschützt werden. – *Eingetrocknete* Glasuren werden durch Zugabe von Wasser wieder gebrauchsfertig gemacht.
Glasuren können auch jederzeit *untereinander* gemischt werden. – So entsteht z. B. aus Selenrot und Cadmiumgelb ein sehr schönes Orange (s. Abb. 62). Man muß einfach experimentieren und ausprobieren und sich dann vom jeweiligen Resultat überraschen lassen.
Es ist empfehlenswert, vor dem Glasieren von größeren Tongefäßen *Glasurpro-*

ben herzustellen. Man formt dafür kleine runde Tonplättchen, brennt sie und taucht sie mit einer Seite in die flüssigen Glasuren. Auf der Rückseite der Probeplättchen lassen sich Farbe und Mischungsverhältnis mit Filzstift notieren (s. Abb. 63, Seite 79).

Das Auftragen der Glasur
Glasiert wird immer der *gebrannte* Scherben. Dabei gibt es Unterschiede in der Stärke des Auftrags: So werden *Transparentglasuren weniger als 1 mm, deckende Glanzglasuren bis zu 1,5 mm* und *Mattglasuren bis zu 2 mm* stark aufgetragen.
Horizontale Flächen können *dicker* glasiert werden als *vertikale* Flächen, bei denen ein *Abfließen* der Glasur nicht immer verhindert werden kann. Glasuren müssen eine bestimmte *Haftfähigkeit* haben. – Weniger griffeste Glasuren wie etwa Selenrot oder Cadmiumgelb kann man mit der Zugabe von 2 Eßlöffeln angerührtem *Tapetenkleister* auf 1 Liter Anmachflüssigkeit haftfähiger machen.

Was geschieht beim Glasieren unseres Tongutes?
Der poröse Scherben entzieht der flüssigen Glasur sofort das Wasser, d. h. sie trocknet relativ schnell und liegt als *staubiger* Überzug auf dem Gefäß. Sie können das glasierte Gefäß getrost mit den Fingern berühren. Die Glasur bröselt im allgemeinen nicht ab, es sei denn, der Auftrag war zu dick. *Wichtig* ist, daß aufgetragene, ungebrannte Glasur *nicht* mehr mit Wasser in Berührung kommt.
Es gibt verschiedene Möglichkeiten, Töpferware zu glasieren. Für den Hausgebrauch genügen uns drei Techniken:
1) Auftragen mit dem Pinsel
Wenn Sie unter Ihre Glasur 0,2% in Wasser gelöstes Relatin (in Drogerien oder im Fachhandel erhältlich) mischen, läßt sie sich leichter mit dem Pinsel auftragen.
Zum Auftragen der Glasur nehmen Sie entweder einen dicken *Haarpinsel* (Nr. 12 oder 14) oder einen breiten *Borstenpinsel* gleicher Stärke. – Ein *voller* Pinsel ist die Voraussetzung für einen guten Glasurauftrag: Wenn Sie den Pinsel beim Eintauchen in die Glasur drehen, nimmt er wesentlich mehr auf.
Die Glasur wird nicht mit streichenden, sondern mit *tupfenden* Bewegungen auf das Tonstück aufgetragen. Auf diese Weise läßt sich auch die Auftragsstärke besser prüfen.
2) Tauchen
Jede Glasur muß, bevor man sie verwendet, gut durchgerührt werden, da sich die dicke Masse leicht am Boden der Schüssel festsetzt. – *Luftblasen*, die durch das Umrühren entstehen, werden mit einem Löffel an den Rand der Schüssel geschoben. Vor dem Glasieren wird der Scherben unter fließendes Wasser gehalten, damit danach die Glasur besser läuft.
Das Tonstück trocknet im allgemeinen schnell und wird zuerst *innen* mit

Hilfe einer Schöpfkelle ausgegossen. – Überschüssige Glasur muß in die Schüssel zurückgegossen werden.
Dann wird die Außenwand der Gefäße in die Glasur *getaucht,* wobei für *größere* Tonstücke *zwei* Arbeitsgänge notwendig sind: zuerst die untere und dann die obere Hälfte. – Dabei entsteht eine feine *Überschneidungsstelle,* die, wenn sie nicht beim Brand verschwindet, als hübscher Schmuck stehenbleiben kann. Je länger Sie das Tonstück in die Glasur tauchen, desto mehr Glasur saugt es auf, und desto dicker wird die Schicht. Die *Auftragsstärke* kann durch *Einritzen* mit einem spitzen Gegenstand geprüft werden.
Sollte sich die Glasur in der Schüssel allzu leicht nach unten absetzen, können Sie einen Schuß *Essig* zugießen. Der Essig fungiert in diesem Fall als „*Stellmittel*".
3) Das Übergießen
Beim Tauchen und Übergießen darf die Glasur dünnflüssiger sein als beim Auftragen mit dem Pinsel.
Zum Übergießen nehmen wir am besten eine Schöpfkelle aus Plastik.
Man beginnt mit dem Glasieren immer zuerst *im* Gefäß, wobei enghalsige Tonstücke mit einem Trichter gefüllt werden müssen. Um nicht unnötig viel Glasur zu verbrauchen, hält man kleine Gefäße zum Übergießen über die Schüssel und fängt somit abgeflossene Glasur wieder auf. – Große Gefäße stellt man auf zwei über den Schüsselrand gelegte Vierkantstäbe und hält das Tonstück am oberen Rand mit der einen Hand fest, die gleichzeitig zum Körper hin gedreht wird. – Während die andere Hand die gefüllte Schöpfkelle über dem Tonstück ausgießt, dreht sich die *„Haltehand"* in der Gegenrichtung zurück.
Einfacher und schneller glasiert ist das Gefäß, wenn Sie es über dem Glasurgefäß mit der Öffnung nach *unten* auf den beiden Vierkantstäben stehend übergießen.
Meist wird mit einem Guß nicht das ganze Tonstück mit Glasur bedeckt. Dann übergießt man es ein zweites Mal, wodurch *Überschneidungsstellen* entstehen, die nach dem Glasurbrand als reizvolle dunklere Linien oder Flächen erscheinen und als weiterer Schmuck belassen werden können. – Letzte freigebliebene Stellen werden zum Schluß mit dem Pinsel oder dem Finger ausgebessert.
Einen *nahtlos gleichmäßigen* Glasurauftrag erreicht nur der *gelernte Töpfer,* der seine Gefäße vielfach mit einer elektrisch betriebenen *Spritzpistole* glasiert.

Einige Experimente
Der Fachhandel bietet eine breite Skala verschiedener Glasurfarben an. Manche Farben sind besonders empfindlich gegen zu große Hitze, so z. B. Rot- und Gelbtöne. Ist der Brand zu heiß, können bei Rot *schwarze Flecken* entstehen, die aber u. U. ganz reizvoll sind, z. B. in Kombination mit einer grünen Glanzglasur. – Am besten halten Sie sich an die *Temperaturangaben* der Fachgeschäfte.
Mit zunehmender Erfahrung wird man beim Glasurauftrag auch ein wenig

Abb. 71. Schüssel, Glanzglasur. Ockerfarbener Grund mit dunkelbraunem Laufstreifen am Rand

experimentieren: So kann man andersfarbige Glasur an den Gefäßrand *tupfen,* daß sie wie zufällig über die Gefäßwand läuft. – Ein Guß andersfarbiger Glasur aus der Schöpfkelle in oder über das Gefäß kann ebenfalls dekorative Wirkungen erzielen: z. B. Türkis auf Dunkelblau oder Dunkelbraun auf Ocker (s. Abb. 71).

Der Glasur- oder Glattbrand („zweiter Brand")
Die Glasur verschmilzt mit dem Scherben bei einer Endtemperatur zwischen 1000 und 1100 °C (1273 und 1373 K).
Die Farbe der angerührten Glasur entspricht nicht der gebrannten Farbe, die kräftig und leuchtend ist.
Das Einbauen der Tonstücke in den Ofen muß mit großer Sorgfalt geschehen. Folgende Regeln sind zu beachten:
1) Der *Brennraum* sollte vor dem Einsetzen der Tonware *gründlich* gesäubert werden. Staubige Luft im Ofen schadet der Glasur und kann sie zum *Abplatzen* bringen.
2) Die Tonware wird *mehrstöckig* mit Hilfe von Schamotteplatten und Stützen eingebaut (s. auch Seite 50). Beides kann man im Fachhandel in genormten Größen besorgen. Der *Ofenboden* sowie die jeweiligen *Zwischenplatten* werden mit Quarzsand oder Schamottemehl etwa 2 bis 3 mm dick bestreut, damit sich heruntergelaufene Glasurtropfen mühelos entfernen lassen.

3) Die *Standfläche* der Tonware muß abgewischt und *vollständig* von Glasurresten gereinigt werden, bis der *rohe* Scherben sichtbar wird. – Wenn die Glasur ganz getrocknet ist, läßt sie sich leicht mit einem trockenen Lappen abwischen. Dadurch wird ein *Festkleben* der Tonware im Ofen verhindert.
4) Die Glasur muß vor dem Brennen *ganz* trocken sein (ca. 1 Stunde Trockenzeit).
5) Die Tonware wird fest auf kleine Stützen gestellt, die möglichst *nicht* mit der Glasur in Berührung kommen sollten. Es gibt dafür „*Dreifüße*" aus Schamotte – selbstgeformte, *geschrühte* Ringe (Durchmesser 2 bis 6 cm) aus Tonwülsten erfüllen aber denselben Zweck. Wenn die Glasur am unteren Rand der Gefäßwand 3 bis 4 mm hoch abgewischt wird, kann das Tongut ohne Stützen in den Ofen gestellt werden. – Auf diese Weise spart man eine Menge Zeit beim Einbauen der Ware.
6) Mit Hilfe der Platten und Stützen können, je nach Größe des Ofens, zwei bis sechs Etagen mit Glasurgut bestückt werden. – Damit aber das Tongut beim Brennen nicht *aneinanderklebt*, sollten Sie die Gefäße *immer* mit einem Abstand von wenigstens 1,5 cm in den Ofen einbauen.
Bei allen Brennöfen muß die Endtemperatur 20 bis 30 Minuten lang *konstant* gehalten werden. Dadurch können alle Glasuren an allen Stellen des Ofens gleichmäßig ausschmelzen. *Ziegeleiöfen sind meist nicht für Glasurbrand geeignet.*

Glasurfehler
Nach dem Glasurbrand muß besonders sorgfältig *abgekühlt* werden. Noch lange nach dem Herausnehmen aus dem Ofen knistert das glasierte Tongut hörbar, als ob etwas zerspringen wollte. Das sind *Spannungsgeräusche,* die aus der Spannung zwischen Glasur und Scherben entstehen und keinen Anlaß zur Beunruhigung geben. – Allerdings kann *Zugluft* in der Glasur feine *Haarrisse* verursachen. – Haarrisse entstehen auch, wenn sich beim Abkühlen die Glasur *stärker* zusammenzieht als der Scherben.
Es läßt sich bei *frischglasiertem* Tongut prüfen, ob später möglicherweise feine Risse auftreten können, indem man das Gefäß abwechselnd mit heißem und kaltem Wasser übergießt. – *Vorbeugend* gegen solche Risse wirkt ein wenig *Borsäure* in der Glasur.
Oft ist diese sogenannte *Krakeleebildung* (fr.: craquelé = feine Haarrisse in der Glasur) aber sehr reizvoll, und manche Keramiker reiben eigens *Farbkörper* in die gebrannte Glasur ein, um die Risse noch deutlicher hervorzuheben. Im Handel sind sogar extra Krakelee-Glasuren erhältlich.

Das Abrollen der Glasur
Die Glasur kann sich beim Brennen so stark *zusammenziehen*, daß an manchen Stellen der rohe Scherben sichtbar wird. Man nennt dies ein *Abrollen* der Glasur. Die *Ursachen* dafür sind meist eine schlecht getrocknete Glasur oder Verunreinigungen des Scherbens wie Fettflecken oder Staub. – Diesen Fehlern kann man vorbeugen, indem man etwas *Dextrin* (Gummi) unter die flüssige Glasur mischt.

Nadelstich- und Blasenbildung
Beide Fehler entstehen durch *zu niedere* oder *zu hohe* Brenntemperaturen. Sinkt die Temperatur im Ofen, ehe sie den höchsten Punkt erreicht hat, kurz ab und steigt sie dann wieder an, entstehen *Nadelstiche* (ganz feine Löcher) und *Blasen*. – Durch *schlecht aufbereiteten* Ton oder *zu dick* aufgetragene Glasur entstehen oft die gleichen Fehler.
Werden schon *vor* dem Brennen in der Glasur kleine Löcher sichtbar, müssen sie *sofort* sorgfältig mit dem Finger verstrichen werden.

Die rauhe Oberfläche
Dafür gibt es zwei verschiedene Ursachen: Entweder der Scherben wurde *zu dünn* glasiert oder aber die Glasur wurde bei *zu niederer* Temperatur nicht richtig ausgeschmolzen.

Fehlerquellen beim Töpfern

Immer wieder geschieht es, daß wir enttäuscht vor dem Trockenplatz stehen: Eine mühsam aufgebaute Form hat plötzlich Aufwürfe oder Risse bekommen, Henkel, Griffe oder andere Kleinteile sind ebenfalls gerissen oder gar ganz abgefallen, und alle Mühe war vergeblich. – Um solche Pannen zu vermeiden, muß man ihre *Ursachen* kennen: Manchmal werden die Formen nicht sorgfältig genug aufgebaut, d. h. nicht genügend dicht verstrichen oder aber nicht richtig und sachgemäß getrocknet.

Gerade während des Trockenprozesses entstehen die meisten Schäden: Die *Schwindung* des Tones verursacht im Trockenprozeß eine *Zugspannung*, d. h. Oberfläche und Kern trocknen nicht mit derselben Geschwindigkeit. Wird nun unser Tongut äußerlich zu schnell trocken, hält das Material diesen Spannungen nicht mehr stand und reißt. Vor allem *Henkel* und *Griffe* sind gefährdet.

Ein *Abdecken* der feuchten Gefäße in den ersten Tagen, vor allem der abstehenden Teile wie Henkel, Griffe, Knöpfe oder Füße, *verzögert* den Trockenprozeß und *verringert* die Möglichkeit solcher Spannungen.

Risse entstehen meist erst am *Ende* eines Trockenprozesses, wenn die Spannungen übergroß geworden sind.

Was aber tun wir, wenn ein *angesetztes* Teil (Griff, Henkel, Arm etc.) *gerissen ist?* – Wir zerkleinern und zerreiben trockene Tonstücke auf einer Unterlage mit dem Nudelholz und reiben das Pulver dick in die schadhafte Stelle ein. Mit einem Modellierholz läßt sich das trockene Tonpulver leicht in den Riß einreiben, so daß es später nicht wieder herausfallen kann. Dann gehen wir mit dem feuchten Schwamm darüber und drücken alles fest an die Form an.

Die ausgebesserte Stelle wird kurze Zeit mit einem feuchten Tuch bedeckt und muß dann von neuem langsam trocknen.

Ist ein *angesetztes* Teil ganz *abgefallen*, muß es mit feuchtem Ton und Schlicker wieder an der Form befestigt und anschließend mit feuchten Tüchern abgedeckt werden. Diese angesetzten Stücke müssen ganz langsam trocknen. Die Erfahrung zeigt aber leider, daß derartige Reparaturen nur in den seltensten Fällen gelingen.

Zu trockene Ansatzteile werden lose mitgebrannt und vor dem Glasieren mit *Klebstoff* (z. B. Pattex compact) an der Form befestigt. – Die Klebestelle bleibt leider auch unter Glasur sichtbar.

Aufwerfungen und Verformungen – wir nennen dies auch ein „*Verziehen*" des Tongutes – treten vor allem bei dünnen Tonplatten auf, solange das Material noch plastisch ist. – Auch hier hilft ein Abdecken der Platte und das Beschweren, z. B. mit einem Buch.

Abb. 72. Eule, v. links n. rechts: Lederhart, knochenhart, rohgebrannt und glasiert. – Aufgebaut aus Kugel und Walze und von unten her ausgehöhlt (s. auch Seite 27: Igel)

Will eine Ihrer Formen *absacken,* dies ist vor allem möglich, wenn sie sehr breit und ausladend angelegt wurde, unterbrechen Sie die Arbeit an ihr für ein paar Stunden und stützen das Werkstück in dieser Zeit durch weiche Tonstücke, die Sie unterlegen, und warten, bis sich die Wände etwas stabilisiert haben. Vor zu starkem Austrocknen schützen Sie Ihre Arbeiten am besten mit einer Plastiktüte.

Nachwort

Zum Schluß stellen wir uns die Frage: „Warum macht es so viel Spaß, mit Ton zu formen und zu gestalten?" – Nun, wir können dabei aus einem unförmigen Klumpen Erde ein „Etwas" schaffen, das immer Ausdruck unseres eigenen Wesens ist und die Spuren unserer Hände trägt. Es gehört also uns, wir sehen es werden und wachsen, und am Ende steht es fertig vor uns.
Vielleicht erinnern wir uns auch beim Kneten, Formen, Klopfen und Bauen an unsere Kindheit, in der wir alle irgendwann einmal versuchten, aus feuchtem Schlamm oder Erde etwas zu formen und zu gestalten. – Das Formen mit dem bildsamen Material Ton führt aber auch zu innerer Sammlung und läßt uns aus dem täglichen Streß und hektischen Treiben ausbrechen. Lassen Sie sich von den Beispielen im Buch zu eigenem Tun und Gestalten anregen. – Sie werden sehen, wie gut es Ihnen gelingt.

Quellennachweis

Hartung, Rolf: Ton. Ravensburg, 1971
Hofstätter, Hans H. (Hrsg.): Geschichte der Kunst und der künstlerischen Techniken. Gräfelfing, 1967
Lindner, Gert: Freude am Werken. München, 1972
Neuburger, Albert: Die Technik des Altertums. Leipzig, 1919
Schönberger, Käthe: Modellieren mit Ton. Stuttgart und Bern, 1965

Bezugsquellen der Materialien

Johannes Gerstäcker Verlag KG
Werk- und Kunsterziehungsbedarf
Postfach 349
Obere Hardt 27

5208 Eitorf/Sieg

Tonmassen, Glasuren,
Farben, Öfen und
Brennbedarf
(Kunstdruckkatalog gegen
Aufpreis)

Firma Naber
Industrieofenbau
Postfach 12
Bahnhofstraße

Brennöfen

2804 Lilienthal/Bremen

Hans Wolbring
Keramische Farben und Bedarfsmittel
Schließfach 20

Tonmassen, Ton,
Glasuren, Farben

5410 Höhr-Grenzhausen
 bei Koblenz

Literatur

Binder, Gebhard / Schönrock, Jörg: Freies Töpfern. Ravensburg, 1975
Birks, Tony: Töpfern, Stuttgart, 1978
Fieldhouse, Murray: Kleines Handbuch der Töpferei. Bonn, 1972
Frank, Gerhard: Kleiner Töpferkurs. Freiburg, 1969
Heufelder, Walter A.: Arbeiten mit Ton im Kunstunterricht. Ravensburg, 1975
Mellmann, Walter: Ton in meiner Hand. Freiburg, 1968
Modellieren – machst du mit? Frankfurt, 1974
Young, Jean (Hrsg.): Werkbuch für die Woodstock-Generation. Ravensburg, 1975

Sachregister

Ablösen (Abrollen) der Glasur 75, 88
Abrollen (Ablösen) der Glasur 75, 88
Anmachewasser (mechanisch gebundenes Wasser) 25, 48
Arbeitsplatz 15
Aufbaukeramik 68ff.
Aufrauhen 9, 21
Aushöhlen 28, 36f. 38, 64

Begießen 29, 31
Bildsamkeit 9f.
Blasenbildung 89
Borax 29
Brand, erster (Rohbrand, Schrühbrand) 50
Brand, zweiter (Glasurbrand, Glattbrand) 49, 87f.

Brennen 47ff.
Brennraum 47, 59
Brenntemperatur 47, 87

Dachplattensystem 70
Daumenprobe 8
Dextrin 88
Drahtschlinge 12

Einbau des Brennguts in den Ofen 50, 87f.
Engobe 29ff.
Engobemalerei (Schlickermalerei) 29ff., 76

Fabutit 29
Falzbein 76

Federmalerei 78
Feldspat 7
feucht 26
feuchthart 26
Feuerungskanal 59
Figur, menschliche 42
Fingerspur 76
Flußmittel 29
Fritten 84

Gefäße 58 ff.
Gefäßformen 63, 71 ff.
Gefäß-Töpferei, Geschichte 58 ff.
Glasieren 6, 83 ff.
Glasur, Experimente 86 f.
Glasur, Fehler 88 f.
Glasurbrand (zweiter Brand, Glattbrand) 47, 86, 87 f.
Glätten der Gefäßwand 74 f.
Glasuren 32, 59, 84
Glattbrand (zweiter Brand, Glasurbrand) 87 f.
Griffe 73 f.

Haarrisse (Krakeleebildung) 88
Halbplastik, modelliert 54 ff.
Handschälchen 62 f.
Handtrommel 69 f.
Henkel 65, 73 f.
Hilfsmittel 15
Hohlaufbau 56 f.
Hohlkegel, Anfertigung 46
Hohlkugel, Herstellung 38, 64

Kaltbemalen 19, 24 f.
Kammerofen 47 f.
Kaoline 7
Kelvin 47
Keramik 18, 59
knochenhart 27
Krakeleebildung (Haarrisse) 88
Kratzmalerei (Sgrafitto) 77
Kugel, Aufbrechen 62
Kugel, ausgehöhlt 38, 64 ff.
Kugel, massiv 61 ff.

lederhart 26
Luftschwindung (Schwindung) 25, 30, 90

Malhörnchen 77, 78
Matrize 18, 47
Modelle: Fantasievogel 19 ff., versch. Flaschen 67 ff., 78 ff., Frosch 39 f., Glocken 64, Handschälchen 62, Handtrommel 69, Hofdame 40 ff., Igel 28, Kachel 53, Kinderkopf 54 ff., Krippefiguren 46 f., Krüge 71 ff., Leuchterengel 46, Löwe 32 ff., Maske 53 f., Oldtimer 51, Pflanzenschalen 82 f., Schalen 62 f., Schüssel 68 f., sitzende Figuren 43 ff., Sparschwein 34 ff., spielende Kinder 51, Stöfchen 83, Tasse 70 f., Teller 70 f., Teeservice 64 ff., Tischleuchter 61 f., Vasen 71 ff., „Würstchentier" 37 f.
Modellieren aus einem Tonstück 43 ff.
Modellierfinger 28
Modellierholz 12
Muffelofen 60

Nadelstichbildung 89
Nagelprobe 27

Oberflächengestaltung von Gefäßen 75 ff.
Ofen 47 f.
Ornament 32, 77

Patrize 18
Plakatfarben 6
Plastik, Geschichte der 18 f.
Polieren 60

Quarzsand 7, 8

Reiben 76
Relief 50 f.
Ritzen 76
Rohbrand (Schrühbrand, erster Brand) 50

95

Rohglasur 84
Rohling 57

Schamotte 7, 8, 29, 50, 87f.
Scherben 50, 84, 85
Schlämmen 7, 8, 25, 29, 30
Schlicker 14, 21
Schlickermalerei (Engobemalerei) 29ff., 76
Schmelzintervall 48
Schmelztemperatur 48, 87
Schneidedraht 9, 11
Schneidefaden 11
Schneiden 9, 11f.
Schrühbrand (Rohbrand, erster Brand) 50
Schwindung (Luftschwindung) 25, 30, 90
Seger-Kegel 48
Sgrafitto (Kratzmalerei) 77
Sintern 48
Spannung 88
Spannungsgeräusche 88
Spiralwulsttechnik 37f.
Stellmittel 86
Stempel 47, 61, 76
Sumpfen 7, 8, 25, 29, 30

Tauchen 31, 85f.
Terrakotta 18
Textur 76
Tischränderscheibe 15f.
Töpfern, Fehler 90f.
Töpferscheibe 58, 60
Ton 7ff.
Ton, Eigenschaften 9f.
Ton, Entstehung 7
Ton, Präparieren 9
Ton, Wiederaufbereitung 9
Tonarten 10
Tonerde 84
Tonmehl, Arten 7
Tonplatten, Figuren aus 12, 45ff.
Tonplatten, Gefäße aus 12, 78ff.
Tonplatten, Herstellung 45f.
Tonplatten, Technik 45ff.
Tonrollen, Tierfigur aus 37f.
Tonstreifen, Gefäße aus 78ff.
Tonwülste, Gefäße aus -n 68ff.
Tonwulsttechnik 68ff.
Trockennester 8
Trockenstufen des Tons 26f.
Trocknen 25ff., 88

Vasen 71f.
Verziehen 26, 90
Vierkantholz 13, 45, 86
Vollplastik, modelliert 56f.

Wachsen 76
Wandbild 53
Wasser, chemisch gebunden 48
Wasser, mechanisch gebunden (Anmachewasser) 25, 48
Werkspur 74, 76
Werkzeuge 11ff.

Zentrieren 60
Ziehtechnik 62, 73
Zugspannung 90
Zusammenfügen von Einzelteilen 21ff.